核クライシス

瓦解する国際秩序

太田昌克
Masakatsu Ota

ハヤカワ新書 030

はじめに

「今や我は死なり、世界を破壊する者なり」

一九四五年七月一六日、アメリカ合衆国の西部ニューメキシコ州アラモゴードの平原に立ち昇った巨大なきのこ雲を仰ぎ見たJ・ロバート・オッペンハイマーの脳裏を、こんなヒンドゥー教の聖典の一節がかすめた。

それは人類が核と共存を始めた瞬間だった。その三週間後にあった広島、そして長崎への原爆投下からやがて八〇年になる。

この筆を執っている今、核の恫喝《どうかつ》を振りかざすロシアの独裁者ウラジーミル・プーチンはウクライナの大地を侵略し続け、核使用のリスクは米国とソ連が一触即発となった一九六二年一〇月のキューバ危機、いや七九年前の広島、長崎への核攻撃以来、最も高まっているのかもしれない。

「冷戦期に垂れ込めた核の暗雲が再び忍び寄っています。そして一部の国々は、再び無謀にも、破滅の道具である核兵器の使用の威嚇を行っています」

国連事務総長のアントニオ・グテレスは二〇二三年八月六日の朝、七八回目の「原爆の日」を迎えた被爆地広島に切迫感あふれるメッセージを送った。

核リスクの震源は欧州にとどまらない。核実験と弾道ミサイルの発射を繰り返す北朝鮮は二〇二三年一一月、軍事偵察衛星の打ち上げに初めて成功したと宣言した。在韓米軍や韓国軍、さらには朝鮮有事で後方支援を担う自衛隊の動向を上空監視する「目」は今後、確実に鋭さを増すだろう。軍事偵察衛星は戦いの準備を徹底的に整える上で極めて大きな意義を持つアセットであり、北朝鮮の国防五カ年計画に則《のっと》って「目」の数は将来、間違いなく増える。

その北朝鮮と血盟関係を結ぶ中国は、戦争を続けるロシアの国営原子力企業から高濃縮ウラン燃料を輸入し、近く本格稼働するとみられる高速増殖炉でこれを燃焼する。そうすることで核兵器級のプルトニウムが増産可能だ。米国防総省は中国の核弾頭が二〇三五年には現在の三倍に相当する最大一五〇〇発に達するとの見積もりを二二年に示しており、世界の核専門家の間では「二〇三五年問題」を巡る論議がかまびすしい。

北朝鮮の核軍拡に危機感を募らす韓国では二〇二〇年代に入り、独自核武装の議論が再燃、半数を超える市民が核保有を支持する世論調査データも出始めた。半世紀前から「核燃料サイクルを開発する日本に倣え」と言わんばかりに独自の核燃料サイクルを模索してきた韓国は、同盟国米国からの自律性を高めることで己の「核主権」の確立を急ぐ。

強大化する中露朝の核戦力、そして独自の動きを見せる隣の韓国。日本を取り巻く東アジアは核のリスクが集中する「ホットスポット化」の兆候を見せる。こんな地政学的状況が「核」を媒介とした未曾有《みぞう》の危険なダイナミズムを創出し、さまざまなプレーヤーの思惑と利害、加えて疑心暗鬼が交錯することで制御不能とも呼べる領域を作り出しつつある。

半世紀近い冷戦の間、「先に核攻撃を仕掛けた側が相手の大量報復で死滅する」という相互確証破壊（ＭＡＤ）に根差した「恐怖の均衡」の下、ソ連との間で軍備管理・軍縮を模索してきた核超大国・米国の足元も実に覚束ない。内政の分断がその大きな理由の一つだが、大統領の座に就くことを再び目指す「あの男」、つまり「私の机の上にはもっと大きな核のボタンがある」と北朝鮮トップの金正恩にかつて言い放ったドナルド・トランプが政権トップに返り咲けば、さらにリスクは増大するだろう。バラク・オバマが二〇〇九年にチェコ・プラハで「核なき世界」を訴え、そんな米国の指導力に憧憬の念を国際社会が覚えたのは今や遠い昔である。

米国とロシアがいわば「二大株主」であり続けた現下の国際核秩序も目下、その土台すら侵食されかねない巨大な嵐に見舞われている。米ソが呉越同舟の末に一九七〇年発効にこぎ着け、数多《あまた》ある国際法の中でも最大規模の加盟国数を誇る核拡散防止条約（ＮＰＴ）の締約国会合（再検討会議）は近年二回連続で決裂、ウクライナの戦争を後景に「二大株主」が核使用リスクの低減を目指した話すらできない状態が続いているためだ。

核保有を米露英仏中の「五大国」にのみ特権的に認めるNPTの下で核軍縮が一向に進まぬ中、不満を募らせた非核保有国は、核の開発や保有、使用、実験を全面的に非合法化した核兵器禁止条約（TPNW）を国連で採択、二〇二一年に発効させた。これは、核の国際秩序にもう一つの「極」が形成されつつある現実を見せつける動きだ。

核保有国、「核の傘」の下にある同盟国、抑止力を含めた核を全面否定する非核保有国……核との間合いや核への思考様式が違う多様なプレーヤーが織りなす潮流が激しくぶつかり合う。また、力の象徴である核の温存を図るという意味では本来同じ立場にあるはずの核保有国の間でも米露、米中の確執は深まり、修復不可能にすら見える。

現在、八〇年近く続いてきた人類と核の歴史は重大な岐路に差しかかっている。ここまで概説してきた核を巡る国際情勢が反転しなければ、その先に待っているものは何か。それは恐らく、核軍拡に歯止めがかからず、核使用のハードルがぐっと下がり、相互不信が増殖することで核のカオス状態が深まる近未来図である。そしてその先にあるのは、いずれは人類史上三度目の核使用に行き着く「核クライシス」、ひいては第二次世界大戦後の国際秩序の瓦《が》解《かい》ではないだろうか。

本書は筆者が二〇二二年秋から二三年末まで、共同通信社が加盟新聞社に配信してきた核問題連載企画「核カオスの深淵」の記事計三三回分に加筆・改訂を施したものだ。その主たる狙いは、ヒューマニズムの対極にある核兵器が現在から未来に差しかける暗い影を見つめながら、人類がいかにして「核クライシス」に向かう現況を超克していけるのか、その道標の一助たることだ。

第1章では米露両国に中国がいずれ加わるであろう「三匹のサソリ」が暗示する核リスクの将来を見据える。第2章から第5章は「プーチンの戦争」の源流を追いながら、核を手放したウクライナが核大国ロシアによって侵略された戦略的な含意と代償を考える。第6章では二〇二二年にあったNPT再検討会議が決裂した内幕をできるだけ克明に綴《つづ》るよう努めた。ストーリー各回に取材後記であるコラムを掲載し、巻末には「核の用語集」を収録した。

文中の敬称は省略させていただいた。ご容赦を賜りたい。

読者の皆さまには、本書をお手に取っていただいたことに深甚なる謝意を申し上げたい。誠にありがとうございます。

目次

第6章　瓦解する核秩序　225

第1章

うごめくサソリたち　二匹から三匹へ

プロローグ

一九四五年八月に広島と長崎に落とされた核兵器を開発し、「原爆の父」の代名詞を持つ核科学者ロバート・オッペンハイマー。時は流れて二〇二三年夏、米国では映画「オッペンハイマー」が上映され大ヒット、二〇二四年春には日本でも封切りとなった。この映画の原作となったのは、著名な二人の米歴史家カイ・バードとマーティン・J・シャーウィンの著書『アメリカのプロメテウス　オッペンハイマーの栄光と悲劇』（邦訳はハヤカワ文庫『オッペンハイマー　上・中・下』）。あとがきで触れるが、シャーウィンは筆者（太田）の大切な友人でもある。

「核の火」をともしたオッペンハイマーは今から七〇年余り前の一九五三年、自身の異才によって人類史上初の核兵器を手にした米国と、その後を執拗なまでに追ったソ連を次のように表現した。

「相手を殺戮《さつりく》できるが、自身の命をも危険にさらす瓶の中の二匹のサソリ」

オッペンハイマーが扉を開けた核時代は二〇二五年の夏、八〇年を迎える。それは人類未曾有の人間的惨禍である原爆投下から三世代近くもの長き歳月が流れたことを意味する。この間、東西冷戦と米ソの核軍拡競争、デタント（緊張緩和）と米ソの核軍備管理・軍縮交渉、一九八〇年代の新冷戦、そしてベルリンの壁崩壊が象徴する冷戦終結とソビエト連邦消滅があった。ポスト冷戦の時代は第四四代米大統領バラク・オバマが「核なき世界」の松明《たいまつ》を掲げ、米国とロシアの核軍縮が活性化した一時期もあったが、二二年二月二四日に始まったロシアのウクライナ侵攻（巻末の用語集を参照）、先鋭化する米中対立、さらに北朝鮮とイランの核問題など今や障害と難題が山積、核ゼロの未来は遠い地平線の彼方にも見えない。

そんな「核軍縮の冬」の昨今、瓶の中でにらみ合いを続ける二匹のサソリに、もう一匹新たなサソリが加わろうとしている。近年、保有する核兵器数を増大させ、人知れず大陸間弾道ミサイル（ＩＣＢＭ）用サイロ（地下発射施設）の建造を進める中国だ。

米露英仏中の五カ国にのみ核兵器の保有を認めた核拡散防止条約（ＮＰＴ、巻末の用語集を参照）はこれらの国に〝核の特権〟を認める代わりに、最終的には核廃絶を目指して「誠実に交渉を行う」よう義務付けた。しかしそんなＮＰＴの基本原理も今や風前の灯、米露中の三匹のサソリによる核軍拡競争が強く懸念される。

ひずみの目立ち始めた国際的な核秩序はＮＰＴ体制が苛烈な試練にさらされる中、重大な岐路を迎えている。その冷厳なる事実は、新たな核クライシスの到来を人類全体に暗示している。

三匹の時代、実験場に不穏な動き

「米国が核実験をするなら、我々も行う。何人たりとも（軍事力を背景としたロシアと西側の）戦略的均衡が破壊可能だという危険な幻想を抱いてはならない」

ウクライナ侵攻からやがて一年となる二〇二三年二月二一日。モスクワの中心部で弁舌を振るうロシア大統領ウラジーミル・プーチンが語気を強めた。無二の独裁者の頭上では、ロシアの国章である双頭のワシの巨大な紋章が集まった聴衆を見下ろす。

プーチンは演説で、ウクライナ情勢を巡って敵対する北大西洋条約機構（NATO）への敵意をむき出しにした。と同時に、冷戦時代から米ソ主導で構築されてきた国際核秩序に公然と反旗を翻《ひるがえ》した。

米露間に唯一残った二国間核軍縮条約である新戦略兵器削減条約（新START、巻末の用語集を参照）の「履行停止」を宣言したからだ。核実験再開の脅しも、核軍縮・不拡散体制に牙をむく意思表示といえた。

進む建設工事

実は、ウクライナで侵略戦争を始める前から、ロシアでは不穏な動きがあった。

「ロシアの核実験関連の主要な支援施設で大規模な建設工事が進んでいる。ロシア国防相のショイグが今夏ノバヤゼムリャを訪れ、建設現場に立ち寄ったことも分かっている」

二〇二三年九月二四日のオンライン・インタビューでこう語ったのは、米ミドルベリー国際大学院モントレー校教授のジェフリー・ルイス（一九七五年生まれ）。商業衛星の画像から長年、北朝鮮はじめ世界各地の核関連施設の動向を追跡してきた世界有数の「核オタク」とも呼べる専門家だ。


ルイスが「ここ二、三年で活動が徐々に増大した」と指摘するノバヤゼムリャは北極海に浮かぶロシアの島。ソ連時代に核実験が一三〇回超行われ、冷戦が最盛期に向かう一九六一年には広島型原爆の三千倍を上回る威力を持つ史上最大の水爆が上空で炸裂《さくれつ》した。

「一九九〇年代に核実験を中止して以来の顕著な規模の建設が続いている」と、出張先のインドからのオンライン取材に答えるルイス。確かに、彼が入手した二〇二三年六月二二日撮影の衛星画像からは大型トラックや工事用クレーン、運搬用コンテナなどが多数確認され、二年前に撮影された画像との違いは一目瞭然だ。

2023年6月22日

2021年７月7日

ノバヤゼムリャの衛星画像。（ジェフリー・ルイス氏提供）

ＣＴＢＴ衰退

ルイスによると、核実験場の事務棟と居住棟の区域で少なくとも二つのビル建設が進む。また彼の言う通り、二〇二三年八月一二日には当時の国防相ショイグがノバヤゼムリャを視察したとロシア国防省が公表している。

核の脅しをテコに長期消耗戦を強いるプーチンがいずれ、核実験を強行することで、ウクライナに息長い支援を行うつもりのＮＡＴＯ諸国を威嚇し、その意志をくじこうとするのではないか――。

こんな見方が西側の当局者や専門家の間でささやかれる中、独裁者の号令一つで三〇年以上封印してきた核実験をいつでも再開できるようロシアは着々と準備作業に当たる。

またプーチンは、ショイグの現地訪問から約二カ月後の一〇月五日、核実験再開を望む声が国内にあることを理由に、ロシアが批准済みの包括的核実験禁止条約（ＣＴＢＴ、巻末の用語集を参照）の「批准撤回は可能だ」と発言した。この直後、ロシア議会は批准撤回法案を可決、プーチンが署名してロシアはＣＴＢＴの未批准国となった。

一九九六年に国連で採択されたＣＴＢＴは、米国や中国が批准に至らず未発効の状態が長年続いているものの、核実験を地震波などで探知する監視システムを世界中に張り巡らし、北朝鮮の核実験の探知にも成功、核開発に歯止めをかける重要な役割を担ってきた。そんな

ＣＴＢＴからのロシア離脱は、国際的な核軍縮・不拡散体制にとって重大な打撃だ。

米国の老舗シンクタンク「軍備管理協会」のトップ、ダリル・キンボールも自身が主宰する専門誌《アームズ・コントロール・トゥデイ》の二〇二三年九月号にこんな一文を寄せ、鋭い警鐘を鳴らしていた。

「ロシアが批准を撤回すれば、ただでさえ不確かなロシアの核不拡散に対する態度がより劣化する。それは非核保有国を阻害することにもつながり、ひいては過去に大きな成功を収めてきたＣＴＢＴ体制への打撃となるだろう」

実験再開を望む勢力

核実験を巡って不穏な動きを見せるのはロシアだけではない。ウクライナで戦端が開かれて以降、侵略国のロシアとの連携強化に動く中国でも怪しい動きが散見される。

「新疆《しんきょう》ウイグル自治区ロプノールの核実験場の活動も顕著だ。多くの建設事業が進行している。水平トンネルのある区域ではここ数年間、大きな地下トンネルの掘削が続いてきた。（核爆発を伴わない）臨界前核実験（巻末の用語集を参照）のため、あるいは地下核実験再開の準備態勢を堅持するための動きだろう」

前掲のルイスはインタビューで、衛星画像から中国も核実験再開の選択肢を排除しておら

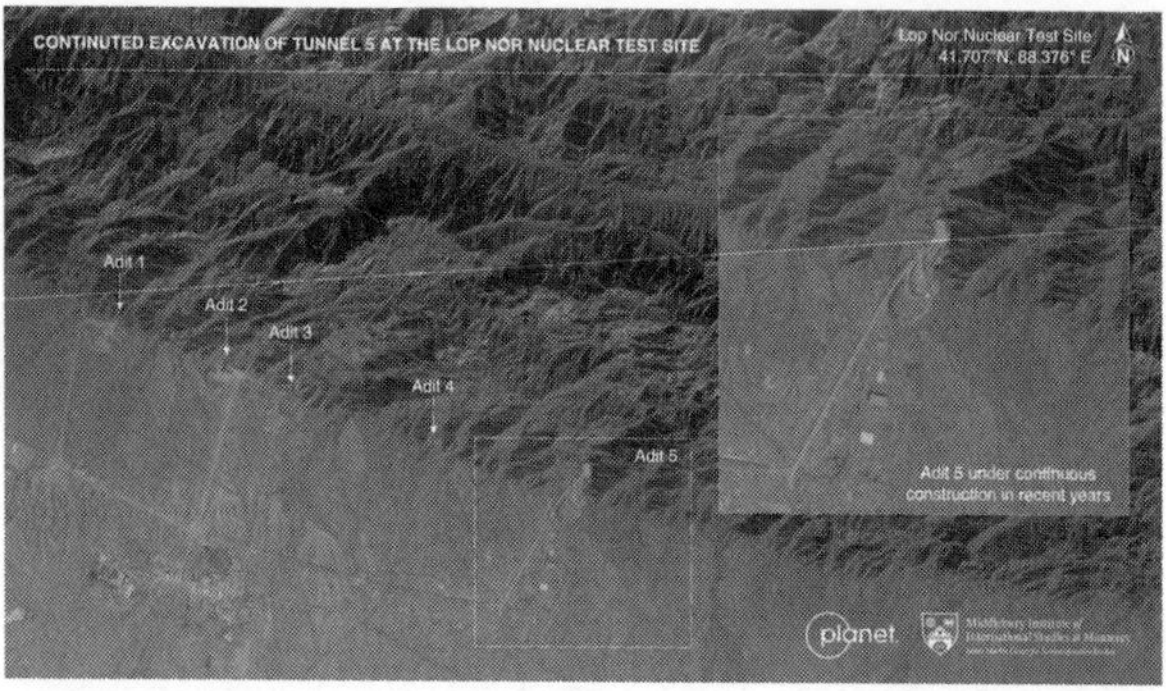

衛星画像から中国・新疆ウイグル自治区ロプノールの核実験場でトンネル掘削が進んでいることが分かる。右端の「Adit 5」の拡大図から動きが活発化していることが読み取れる。（2023年3月27日撮影、ジェフリー・ルイス氏提供）

ず、準備に余念がないとの分析結果を明らかにした。

中国は一九九六年に採択されたＣＴＢＴを批准しないままだ。また中国の核実験回数は総計四五と米ソに比べて圧倒的に少なく、米国の核実験回数のわずか二三分の一だ。そのため新型核を開発し、これを実戦配備するには過去四五回の実験データだけでは不十分と見る向きがルイスら専門家の間にある。

さらに、中露のみならず米国にも注意が必要なようだ。二〇一七～二一年に米国を率いたドナルド・トランプ大統領（共和党）の時代、核実験再開が政権内で密かに検討されたと報じられ、必要に迫られた場合、敵国を威圧するために最短半年という短い準備期間で核実験を実施するオプションも採用されたからだ。二〇二四年夏の時点でホワイトハウスの主である民主党大統領のジョー・バイデンは核実験を再開する意思はないが、仮にトランプが政権復帰した場合、米国が一九九二年から続ける核実験停止がいつまで続くかは心許《こころもと》ない。実際、大統領選がこれから本番を迎える二四年六月には、トランプ陣営の有力者が公然と核実験再開を提唱し始めた。

ルイスは米西部のネバダ核実験場でも核爆発を伴わない臨界前核実験を目的とした拡張工事が行われていると指摘し、「三匹のサソリ」のうごめきを念頭にこう警告した。

「米露中それぞれの国内には、相互不信の関係を利用して核実験を再開したい勢力がいる。一カ国が核爆発を起こせば、残り二カ国が続くだろう。そうなれば新型核開発につながり、三カ国の軍拡競争が加速する」

COLUMN 01

「オシント」の力

「米中央情報局（CIA）はヒューミントなどの秘密情報ばかりを扱っていると思われがちだが、決してそうではない。九割以上がオシントだ」

米国がアフガニスタンとイラクで二つの戦争に乗りだした二〇〇〇年代前半、国際テロ組織「アルカイダ」を長年追跡してきた元CIA分析官が取材にこう明かしたことがある。

ヒューミントとは外交官やスパイが足で稼いで集める情報で「ヒューマン・インテリジェンス」の略語だ。これに対しオシントは「オープン・ソース・インテリジェンス」の略で、新聞や書籍といった刊行物や各国政府の発表資料など広く世間に出回っている情報を指す。

前者は政府内で秘密情報に接する資格のある人物しか知り得ないが、後者は誰でもアクセス可能な情報だ。

米国の核専門家ルイスは、前ページまでに示した商業衛星画像などの典型的なオシントを最大限活用し、「核」という最高度の国家機密に迫ろうとする民間アナリスト。

通信傍受などによるシグナル・インテリジェンス（シギント）、さらに偵察衛星を使ったイメージ・インテリジェンス（イミント）も機密性の高い情報で、米情報機関の有効な情報源だ。

それでも元ＣＩＡ分析官の言葉通り、米政府のオシントへの依存度は高い。それは公開情報に侮れない価値があることの証左であり、オシントを使ったルイスら「この道のプロ」による分析の有用性を物語っている。

迫る「2035年問題」

「三匹のサソリ」の動きを巡っては新たな問題も浮上している。二〇二三年三月八日、米国の首都ワシントン中心部に鎮座する米連邦議会。その一室で国防次官補のジョン・プラムが下院議員の質問に次のように答えた。

「ロシアと中国がこの件で協力しているのは非常に憂慮すべきことだ。彼らには言い分があるだろうが、増殖炉はプルトニウム（の生産が目的）であり、プルトニウムが兵器用という事実は避けられない。中国の核戦力拡張を巡る我々の懸念とも合致する」

　プラムが言う「この件」とは、中国が台湾対岸の福建省霞浦《かほ》県に建造する二基の高速増殖炉「CFR600」（巻末の用語集を参照）にロシアが核燃料を供給している問題だ。

懸念の源流

　燃料供給の主体はロシアの国営原子力企業「ロスアトム」。二〇二二年一二月末には、同社の関連会社がCFR600に装荷される初期燃料を中国へ向けて出荷したと発表している。

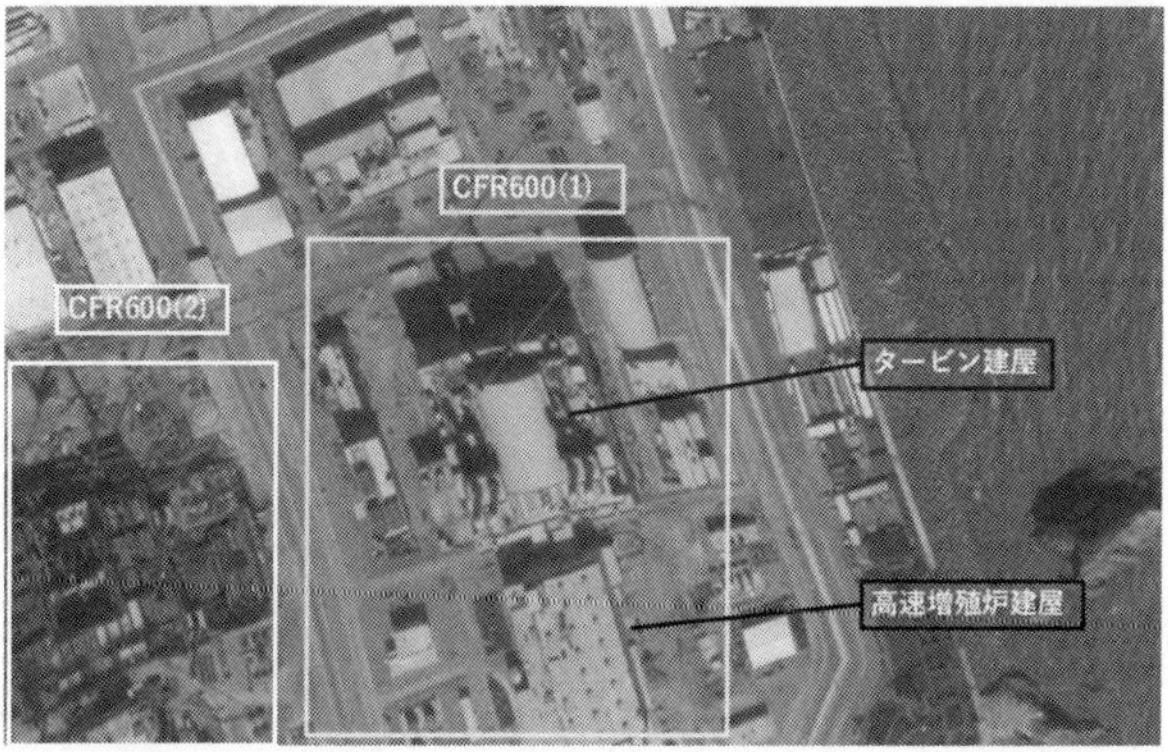

中国が福建省に建造中の高速増殖炉「CFR600」。（笹川平和財団研究員の小林祐喜氏提供、2022年9月22日撮影）

ロスアトムによると、この関連会社は世界一五カ国にある計七五の原発に燃料を供給中だ（二〇二三年現在）。その中には欧州諸国も含まれており、二〇二二年に始まったロシアのウクライナ侵攻にもかかわらず、西側がロスアトムを本格制裁できない理由がここにある。

中国が稼働を目指して建造を進める高速増殖炉CFR600。太平洋の彼方からその動向を見つめる米国の視線は鋭く険しい。この炉が核兵器に転用可能な高純度のプルトニウムを量産できるからだ。

中国は二〇二一年、核戦力増強を加速させ、運用可能な核弾頭は四〇〇発を突破。その数が三五年には約一五〇〇発となる公算も大きい――。米国防総省が二二年一一月にこんな推計を発表すると、日米欧の安全保障関係者には衝撃が走った。

中国の核弾頭数が一〇〇〇発台に乗り、その大半が実戦運用可能となれば、二〇二三年五月時点で一四〇〇発強の戦略核を配備している米国と遜色がなくなるためだ。

中国の核戦力が二大核大国の米国とロシアに接近するとされる「2035年問題」。米国は日増しに危機感を募らせており、その源流の一つが核爆弾の原料となるプルトニウムの増産を可能にする中露連携だ。燃料を供給するロシアの了解さえあれば、中国はCFR600で量産されるプルトニウムをいくらでも兵器転用できるようになる。

サイロに警戒

「トランプ政権時代から（中国核戦力の大幅増強を見積もる）アセスメントは存在したが、実を言うと、当時政府の外にいた私自身は懐疑的だった」

二〇二一年一月のジョー・バイデン大統領の就任後ほどなく、米政府内で核政策を所管することになった高官が二三年夏、右記のように取材に語った。

己の政治的野心もあってか、任期終盤は激しい中国たたきに終始した第四五代米大統領のドナルド・トランプ。国家の利害得失よりも自分の利得計算を優先させがちな「異形の大統領」の下、ささやかれ始めた中国の「核大国化論」に当時野にいた同高官は当初、違和感を覚えたという。

しかしその後、バイデン政権入りして関連情報にも触れるようになると、中国が核大国化の道を歩んでいると考えるようになった。「高速増殖炉とＩＣＢＭ用のサイロ建設の動きがあるからだ」と言う。

福建省にある高速増殖炉二基が本格稼働すれば、どれだけのプルトニウムが生産できるのか。元米政府高官で核物質専門家のヘンリー・ソコルスキーは二〇二一年に発表した報告書で、年間最大三四六キログラムの量産が可能と試算した。何と核弾頭一〇〇発は製造できる相当な分量だ。

さらにこの高官の指摘する「サイロ」が、米国や日本など同盟国の警戒感を高めている。

出始めた核軍拡論

中国のサイロ建設問題が表面化したのは、バイデン政権発足翌月の二〇二一年二月だった。米シンクタンク「米国科学者連盟」（ＦＡＳ）の核専門家ハンス・クリステンセンらが入手した衛星画像を分析したところ、内モンゴル自治区の砂漠地帯でＩＣＢＭ用サイロが少なくとも一六基建造されている可能性が高いことが分かった。

その数カ月後、内陸部の甘粛省でも一一九基の建設が進んでいる兆候が新たに確認された。さらに新疆ウイグル自治区でも約一一〇基分が衛星画像で探知され、米国は核大国の座を目指す中国の本気度を感じ取るようになった。そして米国防総省は二〇二三年秋、最低三〇〇のサイロが既に完成し、一部にＩＣＢＭが配備されたようだとする新たな分析結果を公表した。

米軍制服組トップの統合参謀本部議長マーク・ミリーも二〇二三年三月末、連邦議会で次のように証言した。

「中国が今後一〇～二〇年かけて進める核開発計画を止めたり、減速させたり、妨害したり、破壊したりしようとしても、我々には多分何もできない」

米国では最近こんな核軍拡論も出始めた。「中露同盟に直面する米国は核戦略を再考すべきだ。抑止力強化のため戦略を適応させ、恐らく核戦力規模も拡大する必要がある」（ロバート・ゲーツ元国防長官の米外交専門誌《フォーリン・アフェアーズ》への二〇二三年九月の寄稿）。

それでも中国首脳部の真意が一体どこにあるのか、米国と同じレベルの核戦力を保有することを最終決定したのか否かは判然としない。

米中双方の核政策に通じる中国人専門家も取材に、米国が危惧する中露協力は「状況証拠に過ぎない」と述べ、プルトニウムが兵器転用される客観的な根拠は今のところ存在しないと指摘した。意思疎通不在のまま、米中間の疑心暗鬼が先行する。

COLUMN 02

「パリティ」か否か

核戦力増強に動く中国の真意は一体どこにあるのか。実は米中対立を背景に、北京は米国との「パリティ（均衡）」を目指しているのではないか……。日米の当局者らはこんな疑念を膨らませながら「中国の核」に近年、警戒心に満ちたまなざしを送り続けている。

「中国を行動変容させることは可能だと思ってきたが、もはや困難なのではないか」（日本外務省の安保政策担当者）。こんな悲観論がある一方、二〇二三年秋、次のような情報を軍縮外交筋から耳にした。「数カ月前に中国側と接触したが、米国とのパリティを決して求めてはいないと説明していた」

二〇二四年一月時点で米国の核保有数が約三七〇〇発（退役済み、解体待ちの弾頭を除く）、ロシアが約四四〇〇発（同）であるのに対し、中国は五〇〇発。米露と中国の間には現時点では大きな開きがあるが、中国が将来この差を確実に縮めてくるというのが米軍部の見立てだ。

中国は相手を抑止するために最小限の核戦力を保持する戦略を採ってきたが、この

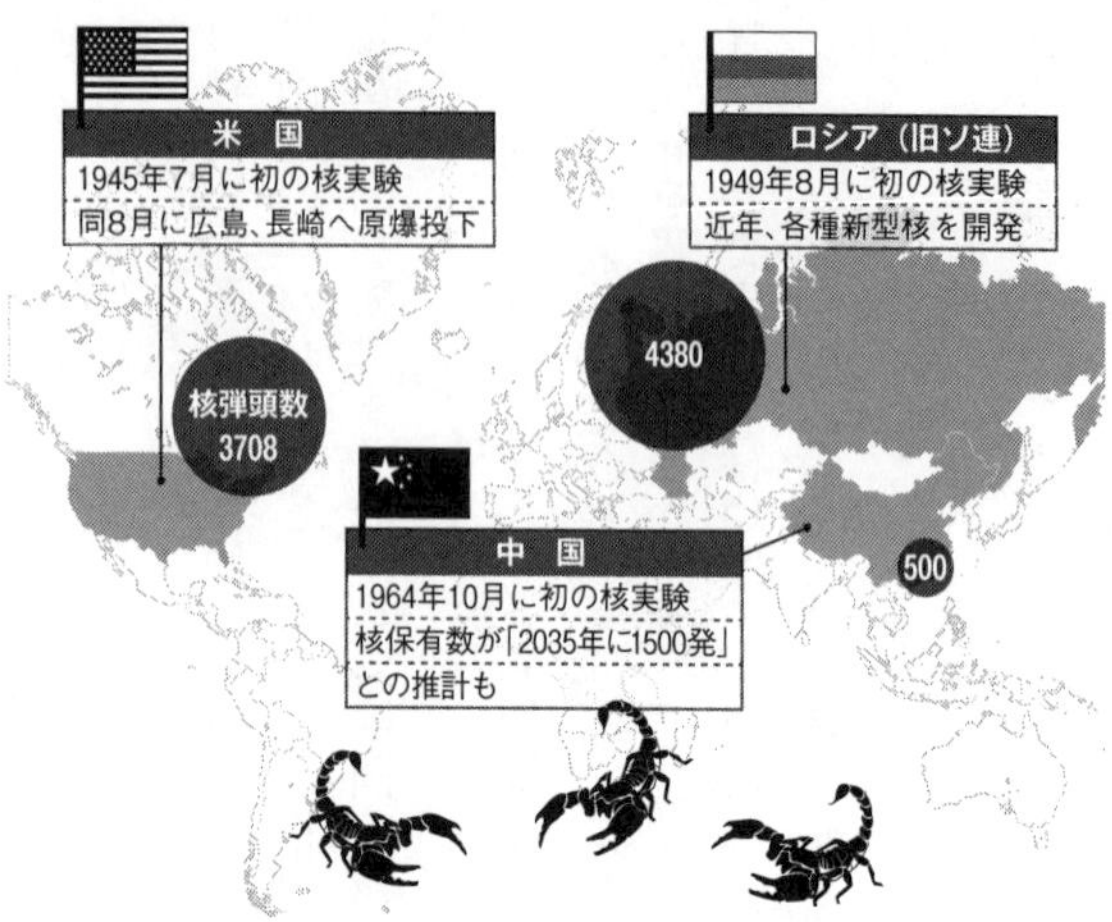

「3匹のサソリ」の核保有数。（核弾頭数はストックホルム国際平和研究所〔SIPRI〕より。退役済み、解体待ちの弾頭は含まず）

「最小限抑止」が変質する可能性に米側は危機感を募らせる。しかもワシントンでは超党派の対中強硬論が席巻し、高速増殖炉やサイロの情報がこれを増幅させる。

日本への原爆投下で幕を開けた核時代は、米露の「二匹のサソリ」から米露中の「三匹のサソリ」の時代へと本当に突入するのか。確実に言えるのは、誤算や誤解、誤認による核リスクが限りなく高まっているというリアルな現実だ。

だからこそ今、為政者の直接対話が死活的なまでに重要となっている。日本の宰相も決して他人事《ひとごと》ではないのだ。

「狂気の時代」再突入も

「米政府の元高官らが核戦力の大幅増強を提唱し始めた。中でもフランク・ミラーは（米露の核軍縮条約である）新ＳＴＡＲＴの上限を取っ払い、今の配備核弾頭数を三〇〇〇〜三五〇〇に倍増すべきだと主張する。だがそれは、甚《はなは》だしい過剰反応だ」

二〇二三年一〇月二四日のオンライン取材に答えるのは米メリーランド大教授スティーブ・フェター（一九五九年生まれ）。九〇年代のクリントン政権で国防総省、二〇〇九年からのオバマ政権ではホワイトハウスで核政策立案に携わった民主党系専門家だ。本節ではフェターの話から、中露への強い警戒心を背景にワシントンで高まる核強硬論を紹介したい。

戦略家の持論

フェターが名指ししたミラーは三〇年以上、米歴代政権下で安全保障政策を所管してきた元高官だ。ジョージ・ブッシュ大統領（子、共和党）の特別補佐官も務めた戦略家で、今も米国の核コミュニティーに隠然たる影響力を持つ。米国の「核の傘」（巻末の用語集を参照）の下にある日欧の政策実務者や専門家も長年、ミラーの戦略論に熱い視線を送ってきた。
そんなミラーは二〇二二年四月、米紙《ウォールストリート・ジャーナル》で次のような持論を展開した。

新ＳＴＡＲＴ署名時の二〇一〇年時点と比べ、今の世界はより暗く危険なものとなった。新ＳＴＡＲＴが定めた配備戦略核の上限一五五〇では中国の核軍拡は言うに及ばず、ロシアの核に対処することも不十分だ。米国はロシアに新ＳＴＡＲＴ脱退を通告し、米露交渉が再開すれば、上限を三〇〇〇～三五〇〇に設定する。そうできなくとも、米国の核戦力をこの数に増やすべきだ——。

ミラーは「米国と同等の二つの核保有国が潜在的な敵として存在する世界は核時代で初めてのことだ」とした上で、「（核戦力を制限する）軍備管理が抑止力を損なっている」とまで断言した。

米メリーランド大教授のスティーブ・フェター。（本人提供）

三つどもえ

こんなミラーの持論に同調する声が昨今、ワシントンで拡散している。二〇二三年五月には、トム・コットンら共和党上院議員一〇人が「NO START条約法案」を議会に提出した。ロシアが履行停止を宣言した新STARTから米国は脱退して核戦力を増強し、今後は中国も核軍縮条約の対象とするよう義務付ける内容だ。

こうした核の強硬論を「過剰反応」と評するフェターがこう語る。

「(ミラーらの核軍拡論は)中国とロシアがどう反応するかを考えていない。米国が核戦力を倍にしたのに、中露が何の対応も取らないことなどあり得ない。行き着く先は三つどもえの終わりなき軍拡競争だ」

仮に米国が配備戦略核を三〇〇〇に倍増したら、ロシアも同じ規模まで増強し、これに触発された中国までもが五〇〇発超(二〇二三年時の米国防総省推計)を大幅に引き上げるだろう。そうなれば、今度は米国が中露の合計数を上回る増産に動き、三カ国が際限なき核軍拡へと走る恐れがある。

それはまさに「原爆の父」オッペンハイマーが「瓶の中の二匹のサソリ」と表現した従来の構図が、中国が加わることで「三匹」となる図式だ。

広島、長崎への原爆投下で始まった核時代はまさに未曾有の局面を迎えており、いま悪循環に歯止めをかけなければ、核軍縮条約不在のまま、地球を幾度も破壊できる数万発の核と人類は共存を余儀なくされる。そんな冷戦期前半のような「狂気の時代」に再突入してはならない――。フェターはそんな警鐘を鳴らす。

危険な発想

米国で勢いを増す「核の強硬論」に一石を投じようとフェターは二〇二三年一〇月、仲間の専門家二人と共著で米外交専門誌《フォーリン・アフェアーズ》に寄稿した。表題は「米国の核兵器は中露双方を抑止できる」。その論旨は次の通りだ。

▽米国が中露両国に壊滅的な打撃を与えられる、生存性の高い核戦力を保持する限り、核弾頭を増やす必要はない。

▽軍拡競争を避けるため冷戦期以来の「対兵力戦略」を見直すべきだ。対兵力戦略は敵の核戦力や指揮命令系統、権力中枢を核攻撃の標的とするが、首都モスクワなども含まれ、市民の大量殺戮につながる。

▽米国は対兵力戦略を国際人道法に適合させ、民間人被害を抑制するよう努めてきた。しかし中露がこれを米国の先制核攻撃を可能にするための取り組みだと見なす恐れがあり、緊張が高まると、逆に中露の核使用を誘発する。

▽現在まで長年続いた対兵力戦略から、敵国指導者が重視する社会インフラを標的とした抑止戦略に転換すべきだ。

フェターは「限定核使用」という発想自体が核攻撃の心理的ハードルを下げかねない危険な発想だと考える。だからこそ核を二度と使わせないため、また米露中の「三匹」が核軍拡競争に陥らないよう大胆な政策転換を唱えた。

「核戦力増強を訴える論者は、軍拡競争に与える影響に思慮を巡らせていない。こちらの作用に対する相手の反作用も意識し、一歩も二歩も三歩も先を読まなくてはならない。米国にいま不可欠なのは自制である」

二〇二一年からホワイトハウスの座にあるバイデン政権は「(中露の)核兵器総数を上回るための核戦力増強は必要ない」(大統領補佐官のジェイク・サリバン)との立場を今のところ示している。しかし米中対立の行方とロシアのウクライナ侵攻の推移、さらに二四年一一月の米大統領選の結果次第では「三匹のサソリ」が血眼《ちまなこ》の核軍拡競争に向かう危険性が十分にある。

COLUMN 03

合法的な核使用などない

米露の核軍縮条約として唯一残った新STARTまでもが履行停止に陥り、核軍縮は文字通り「真冬の時代」に入っている。国際的な核秩序の崩壊すら危ぶまれるが、フェターはそんな今こそが「むしろ抑止のあり方を再考する好機だ」と説く。

米露は冷戦時代から「対兵力戦略」を基調に、核戦争計画を描いてきた。互いが核攻撃の標的とするのはまず相手の核戦力、関連施設、「核のボタン」を握る権力中枢だ。

そのため理論上、一方が一〇〇の核を持てば、他方も同数の一〇〇でにらみ合う展開となる。一千になれば一千、一万になれば一万となり、終わりなき軍拡競争の悪循環を招来する。そこで米ソ（米露）は軍縮交渉を通じて事態をコントロールしてきたが、その構図が瓦解しつつある。

そんな「核クライシス」の時代だからこそ、フェターは核戦略の抜本的見直しを訴える。従来通り相手と同等の核戦力を持つことに米露が固執し、そこに三匹目のサソリである中国が参入すれば収拾はつかず、不信の連鎖が核使用のリスクを増大させかねないからだ。

またフェターは「核兵器はあまりに破壊的であり、国際人道法に合致する使用法など考えられない」と喝破する。それは「核の小型化」によって、非戦闘員（文民）への副次的被害の極小化に努めることを促す現代の核戦略論への鋭い警句である。

ジュネーブ条約第一追加議定書は軍事目標と文民ら非軍事目標を区別することを求めており、無差別攻撃は禁じられている。そこで文民や非軍事施設への被害を最小化しようと、核兵器の低出力化（いわゆる小型化）が試みられてきた。

しかし核爆発で生じる大量の放射線は無差別に拡散し、その影響は国境など関係なく、時空を超えて人類と地球環境に破滅をもたらす。核の規格外の破壊力と放射線という無二の特質を踏まえると、合法的で人道的な核使用など考えられない。フェターの簡潔かつ明瞭な言葉の行間にはそんな意味が込められており、筆者も全くの同感である。

軍拡中国、根底に対米不信

二〇二三年一一月六日、秋深まる米首都ワシントン。中国の幹部外交官が国務省のゲートをくぐった。軍備管理や核不拡散を主題とする米中高官協議に出席するためだ。二一年一月に発足したバイデン政権下では初めてとなる、久々の核を巡る米中対話の開催だった。

「本日マロリー・スチュワート国務次官補と米政府のチームが中国の孫暁波（外務省軍縮局長を本省に招いている。米国は継続的に中国に対し、軍備管理と戦略的リスク削減へ向けた実質的な関与を呼びかけてきた」

国務省副報道官はこの日の記者会見でこう語り、協議の狙いを「米中の競争が紛争に転じないように努める」点にあると説明した。「戦略的リスク」とは、偶発的事象を含む核保有国同士の衝突が、核使用の可能性をもはらむ大規模紛争にエスカレートする危険性だ。

消えた意思疎通

中国は一九六四年に初の核実験を行い、米国、ソ連（現ロシア）、英仏両国に次いで五番

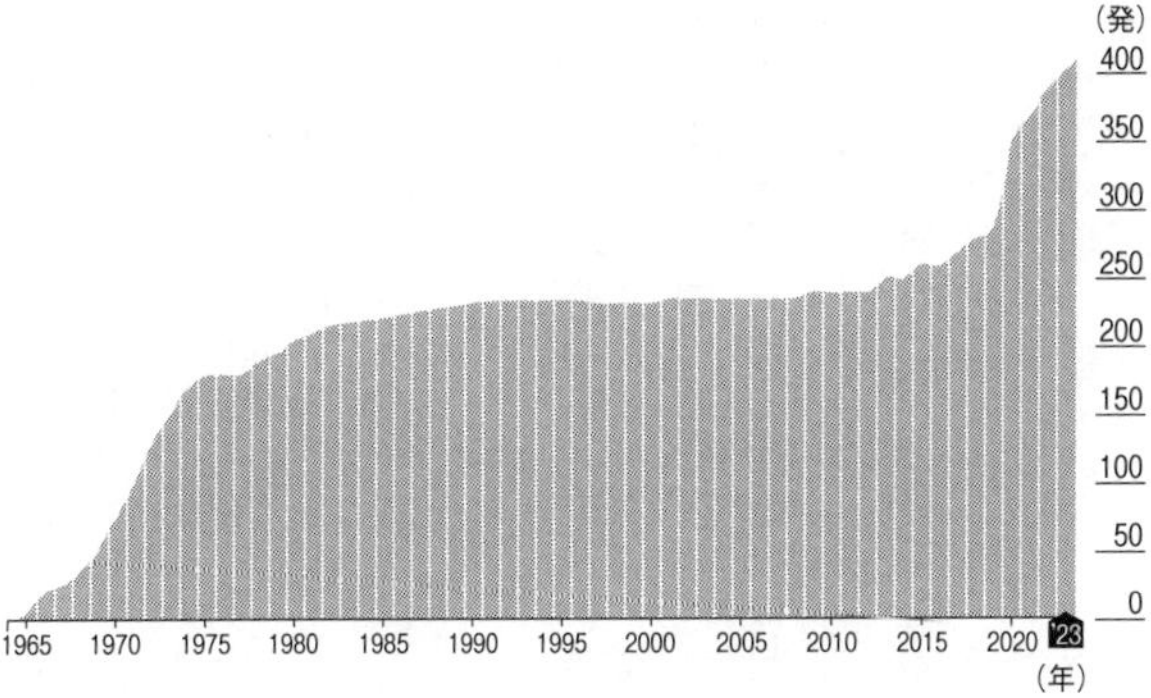

中国の保有する核弾頭数の推移。（Bulletin of the Atomic Scientists より）

目の国として「核クラブ」の仲間入りをした。だが核保有数は二〇二三年末段階で五〇〇発程度とみられ、一桁数が多い米国とは二国間の軍縮条約を何も結んでこなかった。それでも二〇〇九～一七年のオバマ政権時代、米中は核を巡る静かな対話を進めていた。

「私が国務次官だった頃、多くのチャンネルが米中間に存在した。核軍備の制限を交渉するためではなかったが、核と安全保障を論じる協議が当時のトニー・ブリンケン国務副長官（二〇二一～二四年に国務長官）レベル、その下の私のレベルであった。米中の軍同士も核軍備管理・不拡散や核戦略について意見交換し、議論をしていた」

二〇二三年七月一九日のオンライン取材にこう証言したのは、オバマ政権で要職を歴任したローズ・ゴッテメラー。米露に唯一残る新ＳＴＡＲＴをまとめた「核のプロ」だ。

ところが、ゴッテメラーが語る重層的な米中間の意思疎通は二〇一七年のトランプ政権発足後、糸が切れたように途絶えてしまう。

トランプ政権は二〇一八～一九年、中国の知的財産権侵害などを理由に中国からの輸入品に追加関税を発動、返す刀で中国も報復関税で対抗し米中貿易摩擦が激化した。また東シナ海、南シナ海での中国の威圧的行動を背景に軍事的緊張も高まり、両国関係は極度に悪化、核の米中対話もその渦中に消えた。

軍部不在

二〇二二年二月に始まったロシアのウクライナ侵略は長期化し、二三年一〇月から続くイスラエルのガザ攻撃では、イスラム組織ハマスとレバノンの民兵組織ヒズボラを支援する地域大国イランの将来的な直接関与が懸念される。二つの戦争が同時進行で繰り広げられる中、ウクライナとイスラエルの双方を支援するバイデン政権は、三つ目の〝戦端〟がアジアで開かれる事態だけは是が非でも避けたい。

そんな中、二〇二三年一一月一五日、米西部サンフランシスコ近郊でバイデンと中国国家主席の習近平が一年ぶりに対面で会談した。その直前にワシントンであった核を巡る米中協議はいわば、この首脳会談で両国関係を一定の安定軌道に乗せるためのモメンタム（機運）

づくりの場だった。

国務省はこの協議後「米中双方は軍備管理、不拡散に関する問題を率直かつ徹底的に議論した」と発表し、「建設的な会合」だったと自賛した。

しかし、協議内容を知る外交筋は次のように明かす。

「米側は国務省に加え（米軍を所管する）国防総省、エネルギー省関係者らが出席したが、中国側に軍関係者はいなかった」

中国の核戦力は、習がトップを務め軍幹部が脇を固める同国の最高軍事機関「共産党中央軍事委員会」が統制する。そのため将来的な核の軍備管理・軍縮を米国と話し合うなら、軍部の関与が当然、必要なはずだ。

同外交筋は「今回は何か実質的なことを本格的にやろうという感じではなかったのだろう」と言葉を続け、中国軍関係者不在の中、具体性は乏しかったと評した。

不信のマグマ

中国の「核のボタン」を握るのは、軍事委員会主席で絶対的権力者である習だ。その習の対米不信は年を追うごとに深まっている。

「中国の核戦略は常に、政治指導者の物の考え方に多大なる影響を受けてきた」。二〇二三年一一月九日のオンライン取材にこのように語るのは、中国の核戦略に詳しい中国人専門家の趙通（一九八三年生まれ）。米国での研究経験も豊富で、独特の視座から米中関係の推移を長年見つめてきた。

「中国の政治指導部は自国の戦略目標が防衛的なものだと確信しており、自分たちがより攻撃的な核戦略に移行したとは思っていない。むしろ非常に敵対的な政策を採っているのは米国だと確信しており、『米国の敵意に対抗するため』として核戦力増強を正当化している」

こう語を継いだ趙は「問題なのは、中国の核増強の本質に関する米中の見方が全く異なることだ」と述べ、軍拡競争と核使用の「両方のリスク」が高まっていると警鐘を鳴らした。

中国が核大国への歩を進め、米中のみならず世界全体が「核の難路」に差しかかる今、核軍縮の糸口は全く見えない。そして、その底流には相互不信のマグマが堆積し続ける。

COLUMN 04

「習一強」、進む核の中央集権化

米露英仏中の「五大国」の中でも、最も厚い秘密のベールに覆われた「中国の核」。その実態に最も通じる専門家の一人、趙通は「より強大な核戦力に政治的な価値」を見いだした習近平国家主席の下で、核政策の決定を巡る「中央集権化」が近年進んだと指摘する。

趙によると、人民解放軍内で核を所管してきた「第二砲兵部隊」を今の「ロケット軍」に格上げした習は二〇一六年、核戦力の近代化加速を軍部に指示した。そして一八年には原子力潜水艦など海洋型の核抑止力強化を命じ、二〇二二年一〇月の第二〇回中国共産党大会では「強力な戦略抑止システム」の構築を力説した。

「一強」を確立する習の大号令を受け、核関連予算とロケット軍の権限は増大した。しかしそれが新たな腐敗の温床になっているとされ、二〇二三年夏にはロケット軍のトップ二人が突如交代する不祥事に至った。

「国内で十分な政策論議がなされチェック・アンド・バランスが働けば、大規模な核増強が期待通りの成果を生まないことに中国は気付くだろう。実際（今のやり方は）米国の対中脅威認識を強め、より強硬な対中安保政策を採らせる路線へと米国を向かわせているようだ」

落ち着いた口調でこう説く趙は、米中の政府間協議に加え、両国の専門家同士が対話を重ねる重要性を強調する。確かに、そうすることが中国の民間専門家の国内での影響力を相対的に高め、よりチェック・アンド・バランスの効いた中国の核政策の形成につながるのかもしれない。

核テロ対策、腐食する土台

「三匹のサソリ」による核軍拡競争の恐れは、世界共通の課題である核テロ（巻末の用語集を参照）対策にも色濃い影を落としている。

現在から時を遡ること三〇余年前。ソビエト連邦崩壊後二年を迎える一九九三年一二月上旬、中央アジア・カザフスタンの当時の首都アルマトイ郊外は一面、銀世界に覆われていた。

「ビタリーから伝言を預かってきたよ」。数カ月前に知り合った「コルバトル大佐」を名乗る男は、米大使館一等書記官のアンディ・ウェーバー（六〇年生まれ）を散歩に誘い、おもむろに一片のメモを手渡した。

「U235、九〇パーセント、六〇〇キログラム」

メモに目を落としたウェーバーは息をのんだ。そのままメモをポケットにしまい込み大使館に戻ると、すぐさまワシントンの国務省へ極秘公電を打った。急を要する一大事だ、と。

消滅国家の「残滓《ざんし》」

U235は核分裂性物質ウラン235。天然ウランに約〇・七パーセントしかないウラン235を九〇パーセントにまで濃縮したら、核爆弾に最適となる。広島に投下された原爆も高濃縮ウランだった。「六〇〇キログラムもあれば核爆弾が数十発できる」と、二〇二三年七月二〇日の対面取材に三〇年前の出来事を述懐するウェーバー。

極秘公電を送った後、自宅で寝ていたら、大使館の当直から電話でたたき起こされた。

「午前二時か三時頃だった。すぐ大使館に戻ってこい、と言われて」

極秘公電を受け取った国務省の担当官は、次のような質問を含む数十項目のリストを送り返してきた。どんな状況でこのメモを入手したのか。メモを渡した人物の動機は何なのか……。

件《くだん》のメモの送り主はビタリー・メッテ。ウェーバーが一九九三年夏カザフスタンに着任した直後に知り合った。ソ連時代は原子力潜水艦の艦長も務め、この時はカザフ東端にあるウルバ冶金《やきん》工場の工場長だった。

この冶金工場はカザフスタンの国営原子力企業の中核施設。冷戦期は原子力潜水艦の燃料も生成していた。メッテは、ソ連という消滅国家の「核の残滓」が自身の工場に眠っている秘密情報をウェーバーに託したのだった。

サファイア作戦

この直後の一二月一三日、米政府ナンバー2の副大統領アル・ゴアがアルマトイの地に降り立った。奇しくもこの日、カザフスタン最高会議は核拡散防止条約（NPT）を批准し、ソ連の核兵器が配備されていたカザフは「非核の道」を歩むことになった。

そんな中、ウルバ冶金工場に残る兵器用の高濃縮ウラン約六〇〇キログラムはカザフにとって面倒な存在だった。核爆弾にすぐ使える金属塊も含まれていた。メッテはそんな厄介物を米国の協力を得て何とかしたかったのだ。

だがメッテの伝言を記したウェーバーの極秘公電は米政府内で当初、怪しい情報と見なされた。「当時は核物質を巡る同様の話が相当数あり、（不確かな）情報を売ろうとする連中もいたから」とウェーバーはその背景を解説した。

それでも、旧ソ連諸国から核物質が流出し、テロ組織に拡散する新たなリスクを懸念する人物が米政府内にいた。それは当時の国防副長官で後の国防長官ウィリアム・ペリーとその側近だった。

年が明け一九九四年二月、カザフスタン大統領のヌルスルタン・ナザルバエフがワシントンを訪れた。米側がウェーバーのウルバ冶金工場視察を認めるよう求めると、ナザルバエフ

1994年3月、ウルバ冶金工場を訪れた米大使館1等書記官のアンディ・ウェーバー。（本人提供）

はこう言って応諾した。「事を秘密裏に進めよう」

翌月、ウェーバーは工場を訪れ高濃縮ウランのサンプルを入手した。そして米研究機関で「本物」と確認された後、約六〇〇キログラムの高濃縮ウランを回収する「サファイア作戦」が一〇月上旬に始まった。

ウェーバーを含む米専門家、技師ら約三〇人がウルバの現地に入った後、高濃縮ウランを特殊コンテナに収納し米軍大型輸送機で米国へ輸送、約五〇日かけてサファイア作戦は無事終了した。

「脇役」

サファイア作戦の「主演」は米国、「助演」はカザフスタンだが、重要な「脇役」がいた。かつて冶金工場を管理運営していたソ連の継承国ロシアだった。

1994年11月、カザフスタン東部の空港で特殊コンテナに収納した高濃縮ウランを米軍輸送機に積み込む作業。計448個のコンテナが米国に空輸された。（ウェーバー氏提供）

作戦開始前の一九九四年六月、今度はロシア首相のヴィクトル・チェルノムイルジンがワシントンで副大統領ゴアと会談した。ウェーバーによると、ゴアが「高濃縮ウランの米国への移送を巡りカザフと協働している。貴国に異論はないか確認したい」と水を向けると、チェルノムイルジンは「ロシアは（他にも）多くの課題を抱えており、特段問題ない」とあっさり了承した。

冷戦中、「アトムズ・フォー・ピース（平和のための原子力）」のかけ声の下、米国とソ連は競うようにそれぞれの同盟・友好国に研究用原子炉と燃料用の高濃縮ウランを提供した。そのため大量の核物質が世界に拡散する事態を招いた。

米エネルギー省の資料やロシア専門家の論文によると、東欧諸国やベトナムなど一六カ国に散らばった旧ソ連由来の高濃縮ウランは約二・五トン。単純計算で核爆弾一〇〇発に相当する量だ。米露は冷戦終結後、国際原子力機関（ＩＡＥＡ）の支援を得ながら、その九割以上を回収してきた。核不拡散と核テロ阻止という戦略的利益を共有してきたからだ。

しかしその機運は、ロシアの侵略戦争の前に限りなくしぼんでしまった。

二〇二二年、ロシアのウクライナ侵攻で「核テロ防止構想」が停止し、核セキュリティーの多国間枠組みのエコシステムは重大な打撃を受けた——。米国のシンクタンク「核脅威イニシアティブ（ＮＴＩ）」は二三年夏、核物質の窃取や流出を防ぐ核セキュリティー対策に関する報告書にこんな警句を刻んだ。

「核テロ防止構想」は米国のブッシュ（子）大統領とロシアのプーチン大統領が二〇〇六年に設立した国際枠組みだが、二〇二二年二月のウクライナ侵攻開始に伴って機能不全に陥った。長年培われた米露協調の土台は腐食し、核テロと核拡散の火種が今もくすぶり続ける。

COLUMN 05

徹底した秘密主義

今から一昔以上も前の二〇〇七年の話になるが、旧ソ連が製造した高濃縮ウランの燃料棒をベトナムからロシアに移送する米エネルギー省の特殊作戦を丸四日間、現地で密着取材した。

とにかく印象に残ったのは徹底した秘密主義だ。核兵器の原料となる高濃縮ウラン約四キログラムが陸路と空路を使ってロシアに到着するまで、作戦は完全非公開で進められた。

同年九月中旬、最初の舞台はベトナム南部ダラットにある原子力研究所。研究炉用に保管されていた燃料棒三五本を搬送用のコンテナにここで収納し、その後、軍用トラックで熱帯雨林の山道を下った。

現地の特殊部隊の車両や消防車など計九台が連なる厳重警護の中、一時間ほどかけて近郊の空港を目指した。空港到着後、コンテナはヘリコプターで空路ホーチミンに移送、同地でロシアの輸送機に積み替えられた後、数千キロ先のロシア西部の核施設を目指して飛び立った。

2007年9月、ベトナム・ダラット郊外でベトナム軍兵士によってヘリコプターに積み込まれる高濃縮ウランの入ったコンテナ。（筆者撮影）

「運搬作業は一連の作戦の中で最も脆弱な部分だ」。この作戦を指揮した当時の米高官アンドリュー・ビニアウスキは秘密主義に徹した理由をこう説明していた。

燃料棒は未使用のため人間が手に取っても害はないと説明され、私も実際握ってみた。逆に言うと、未使用であるがゆえにテロリストらによる移送中の強奪リスクも相対的に高く、秘密保持が貫かれた。

また収納作業や空輸にはロシア人技師らが全面協力しており、核テロ防止における米露協調の重要性を肌身で実感した取材だった。

「静かな対話を」核の賢人の提言

二〇二二年二月に始まったロシアのウクライナ侵攻以降、核軍縮・不拡散の基盤を掘り崩す動きが堰《せき》を切ったように顕在化している。ロシアは米露間に唯一残った核軍縮条約・新ＳＴＡＲＴの履行停止を宣言し、核実験を禁じた多国間条約・ＣＴＢＴの批准を撤回した。米国と対立を深める中国は、第三の核大国として名乗りを上げようとしている。

そして本著刊行時の二〇二四年夏、今この時も、核の脅しを執拗に続けてきたロシアの核使用リスクは排除できない。一一年に発効した新ＳＴＡＲＴの米首席交渉官を務め、米国務次官や北大西洋条約機構（ＮＡＴＯ）事務次長などの要職を歴任したローズ・ゴッテメラーの警句と洞察でこの章を締めくくりたい（インタビューは二三年七月一九日にオンラインで実施）。

黙示録

「チャカチャカと音を立てるロシアの『核の剣』を強く危惧している。二〇二三年夏、ロシアの指導的な専門家であるドミトリー・トレーニンやアレクセイ・アルバトフらが（核使用の是非を）議論した。特にセルゲイ・カラガノフとトレーニンは『核の黙示録（全面核戦争）』の文脈で限定核使用に言及している」

クレムリンに太いパイプを持つとされるカラガノフは、ロシア誌に「重大だが必要な決定——核使用は人類を破滅から救える」との論文を発表した。米欧諸国によるウクライナへの武器供与をやめさせるための軍事的な圧力強化に加え、最終的に限定核使用もやむを得ないというのが論文の主たる主張だ。そこには「ロシア第一」の独善的な空気が漂う。

「プーチン大統領は二〇一八年、ロシアのいない世界に価値はないと発言した。カラガノフらの持論はこれに通じるものだ。ロシア国内では『核の黙示録』が公言され、とても正直で、ある意味学術的な論争が繰り広げられた。彼らと同じ見解を持つ人物がロシア政府内におり、恐らく権力中枢にもいるのではないかと心配している。現下の核リスクは、米ソが約六〇年前に体験したキューバ危機（巻末の用語集を参照）のことをロシアが忘却している点にも起因しているのだろう」

一九六二年秋、ソ連は米国本土と目と鼻の先にあるキューバに核ミサイルを持ち込み、米国のジョン・F・ケネディ政権はキューバへの空爆も選択肢に、武力を後ろ盾にしながらミサイル撤去をモスクワに迫った。その半面、ケネディは最側近の実弟ロバート・ケネディ司法長官を交渉役に、ソ連を標的にしたトルコ配備の米ミサイルの撤去を極秘裏に提案し、ソ連最高指導者フルシチョフの譲歩を引き出した。この水面下の駆け引きが成功しなければ、世界が全面核戦争に巻き込まれる恐れすらあった。

「(トップが核の脅しを繰り返す) ロシアの真意は見極めがたい。核兵器には戦場での価値や有用性がないからだ。それゆえにプーチンとロシアの将官はウクライナでの核使用に至らなかったと、多くの米専門家が指摘している。『核の剣』が何のためなのか、戦況で追い詰められていることへの不満の表れ以外に考えにくい。ただ敗れそうな局面になれば、ロシアは核攻撃に走るかもしれない」

覚醒

「P5プロセスも核拡散防止条約(NPT)体制も芳《かんば》しい状況とは言えない。一方で核を巡る恐ろしい環境が多くの国々と各国の専門家を覚醒させ、『核の黙示録』の危険性に対する警戒心が高まっている。関係国もNPT体制の維持に懸念を覚え、以前より議論を活発化させている」

P5プロセス——。それは「核なき世界」を掲げたバラク・オバマ政権時代の二〇一〇年代に本格化した核軍縮・不拡散の多国間対話の枠組みで、NPTで核兵器の保有が合法的に認められた米露英仏中の五カ国が参加する。「P5」は、国際の平和と安全を巡って重要な決定を行う国連安全保障理事会で拒否権を持つ、この五つの常任理事国を意味する。

オバマの下で国務次官補や国務次官を務めたゴッテメラーは二〇一〇年代前半、P5プロセスでの議論を主導した。そんな経歴を持つ彼女は今、自身がかつて深く関与したP5プロセスや五年に一度開かれるNPT再検討会議の準備会合の場を活用し、核保有国同士が静かな対話に乗りだすべきだと訴える。

「米中両国が（紛争防止や危機回避を担保するための）戦略的安定（巻末の用語集を参照）を巡る意見交換を行い、核軍備管理での相互利益を探求することは有益な機会になる。中国は地上発射型中距離ミサイルを非常に多く持ち、ロシアも同様だ。米国もアジアに同種のミサイルを配備する可能性がある。だからこそNPTの場などを利用して

『廊下での静かな対話』を進めるのが望ましい。そして、米露中によるアジアでの核中距離ミサイルの配備禁止を、この三カ国とアジア諸国が目指すべきだと私は訴えてきた」

しかし、このまま米露対話が進まなければ新ＳＴＡＲＴは二〇二六年に失効し、米露間の核軍備管理の枠組みは完全消滅する。新ＳＴＡＲＴの生みの親であるゴッテメラーにとっては、まさに断腸の思いだ。

「ロシアの新ＳＴＡＲＴ履行停止には内心、非常に腹立たしい思いをしている。米国のウクライナ支援を止めたいロシアは、条約の履行停止措置に出ることで自身の（対米）交渉のテコを強められると考えたが、それは愚かな試みだ。米国はウクライナへの支援をやめないし、履行停止はロシアにとって自殺行為になるからだ。米国の核戦力を制限するためロシアには新ＳＴＡＲＴが必要だし、米国もそうだ。この点にこそ静かな米露対話の利点がある」

ローズ・ゴッテメラー Rose Gottemoeller：米中西部オハイオ州生まれ。オバマ政権下で新START交渉を首席交渉官として担当。国務次官、NATO事務次長など歴任。岸田文雄首相肝《きも》煎《い》りの核の国際賢人会議のメンバーでもある。（2024年1月16日、米スタンフォード大学のゴッテメラー氏の研究室を訪れた時の写真）

COLUMN 06

核とAI、未知なる領域

「人工知能（ＡＩ）の出現で全体像はより複雑かつ挑戦的なものとなった。新たなアプローチが必要だ」。二〇二三年六月、米国の安全保障政策を統括するジェイク・サリバン大統領補佐官がワシントンでの講演でこう語った。

サリバンの言う「全体像」とは、ＡＩやサイバー技術、極超音速兵器など新興技術の登場で核のリスク管理がより難しくなっている新たな現実を指す。

ＡＩが核兵器の運用体系に組み込まれたら、核を使うか否かの有事における究極の判断が人間を除外して下されはしないか。核システムの指揮統制機能に対するサイバー攻撃が敵の先制攻撃の予兆と見なされ、本格的な核交戦にエスカレートしないか。核運用関連の軍事衛星が攻撃されたら、果たして事態を制御できるのか。

近年、ＡＩやサイバー、宇宙といった新興技術と核兵器が融合する「未知なる領域」が拡大している。そのため、ロシアのウクライナ侵攻もあって、困難を極めている核軍縮の道筋がいっそう見えにくくなっている。

「とりわけ心配なのが高軌道での宇宙活動がエスカレーションを招く展開だ」。こう話すのは米カーネギー国際平和財団研究所の核専門家ジェームズ・アクトン。

米露中は三万五〇〇〇キロ以上の高軌道宇宙空間に、核の指揮統制機能を持つ衛星を保有している。これらの衛星は効率的な運用を図るために軌道を外れることもあるが、仮に緊張が高まっている時、そんな軌道を外れる動きが自国の衛星破壊を狙った攻撃の前触れだと相手に誤認されれば、一気に状況はエスカレートし、核使用を招きかねない。

アクトンはそれを防ぐため、米露中の衛星が一定の距離を保つことで互いの誤認や誤解を防ぐ「安全地帯」の創設で暫定合意を急ぐべきだと力説する。新たな核軍縮条約を結ぶハードルは高くとも、こうした実効性のある危険回避措置に着手することが急務な時代を迎えている。

第2章

ウクライナ侵攻の源流

プロローグ

二〇二二年二月二四日、ロシアがウクライナへの侵攻を開始した。日本時間の正午頃、つまりモスクワ時間の早朝、大統領プーチンは国民向けテレビ演説を行い、その内容が矢継ぎ早に速報で世界中を駆け巡った。

「親愛なるロシア国民の皆さん。ドンバスで起きている悲劇と、ロシアの安全保障上の重要な問い掛けについて、今日改めて話をする必要がある」

こう切り出したプーチンは「これ以上の北大西洋条約機構（ＮＡＴＯ）の拡大やウクライナ国内に軍事拠点を構えようとする試みは受け入れられない」と述べ、米欧の「対ロシア封じ込め」を強く非難した。さらに「ロシアに希望を持つ一〇〇万人の人々に対するジェノサイド（民族大量虐殺）を止めなければならない」「目的はキエフ（キーウ）の政権によって八年間虐げられてきた市民の保護だ」とし、クリミアを併合した二〇一四年以来、実効支配を試みてきたウクライナ東部ドンバス地域への進軍を正当化した。

プーチンは「西側の手出しは無用」と言わんばかりに、切っ先鋭い脅し文句をこう吐き捨てることも忘れなかった。「ソ連が解体され、その能力の大部分を失った後もロシアは核保有国の一つだ。いくつかの最新鋭兵器も持っている。我々に直接攻撃を加えれば、いかなる攻撃者であっても敗北は免れず、不幸な結果となるのは明らかだ」

この演説の二時間後、筆者は定期的に連絡を取っているロシア政府関係者と接触した。「今朝、銀行に行ってきたよ」。いつものように屈託のない表情で開口一番、こう語った姿は生涯忘れることがないだろう。

カフェのテーブルに着席した後、この人物はこんな説明を始めた。

「ウクライナ東部ではこの七年間、軍事衝突が起きていた。しかし国際社会はそれを無視してきたのが実情ではないか。特務作戦が始まった。ただ軍事施設だけを狙っている」

筆者が「キーウは攻撃するのか」と問うと、「ボルィースピリ（国際空港）は攻撃している。東京で言えば、羽田、成田みたいなところだ」。さらにプーチンが演説でも触れた「ウクライナの非軍事化と非ナチ化（ロシア系住民を〝迫害〟するゼレンスキー政権を排除するというロシア側の一方的主張）」がポイントだと強調しながらも、こう静かに本音を吐露した。「仲間はみんな心配している。これからどうなるのか……」

このやりとりの三日後、プーチンは国防大臣セルゲイ・ショイグに、核抑止力部隊を高度な警戒態勢に置くよう命じた。この瞬間、核の恫喝を後ろ盾に、旧ソ連の残した核兵器を手放したウクライナに長期消耗戦を強いる構図が固まった。

独裁者による侵略戦争は開始から二年が過ぎた。しかし出口は一向に見えない。弾薬不足が深刻なウクライナでは軍上層部の解任・交代が二〇二四年二月にあり、先行き不透明感はいっそう募る。一方、最初の二年間、キーウの最大の後ろ盾であった米国では、大統領に返り咲いたら「戦争を二四時間で終わらせる」と豪語する前大統領ドナルド・トランプが連日、気炎を上げる。

国連によるとウクライナの民間人死者は一万人を突破し、二〇二四年二月段階で双方の戦闘員の死者は約二〇万人との推計もある。「アメリカファースト（米国第一）」が深める米国内政の分断がパレスチナ自治区ガザで続くもう一つの戦争とも共振しながら、ウクライナでは今この時も無辜《むこ》の民が心身共に傷つき、屍《しかばね》の山だけが毎日増えていく。

ここからは米国、ロシア、ウクライナの関係者証言と取材メモを紐解きながら、無謀かつ無慈悲な侵略戦争の源流を探り、その代償を検証していく。また「核の剣」を振りかざすプーチンの論理と心理にも触れてみたい。

帝国主義戦争の二つの概念

プーチンがウクライナ侵攻を開始してから三〇〇日となる二〇二二年一二月二一日。クリスマスイルミネーションが闇夜を照らす米首都ワシントンに、戦時下の最高司令官がいつもの〝戦闘服〟で現れた。

「予想された陰鬱なシナリオとは裏腹にウクライナは崩壊しなかった。ロシアの圧制は私たちを支配できなかったのだ」。国章を胸にあしらった深緑のトレーナー姿のウクライナ大統領ウォロディミル・ゼレンスキーは、米下院本会議場で「来年が転換点になる」と強調した。

「一つの民族」

この十数時間前、モスクワではプーチンが演説し、ロシアも譲歩しないとの考えを鮮明にした。最新鋭の大陸間弾道ミサイル（ICBM）「サルマト」を近く実戦配備し、戦略核を増強する方針を表明したのだ。サルマトは多弾頭型の核ミサイルで、米国のミサイル防衛（MD）を突破することで対米抑止力の主柱となる役割が期待されている。

核の恫喝を繰り返し「核カオス」とも言える国際情勢の不安定化を招いてきたプーチン。心の内がなかなか読めない独裁者はさらに、こう付言することを忘れなかった。「ウクライナ国民を今でも兄弟の民族だと思っている」

ロシアとウクライナは兄弟——。プーチンは侵略半年前の二〇二一年七月に発表した、両国の「歴史的一体性」を説く自身の論文でも「ロシア人とウクライナ人は一つの民族だ」と力説していた。

こんな持論を抱くプーチンを「兄弟国」に対する侵略戦争へと駆り立てたものは一体何だったのか。プーチンの元側近が取材に応じ、独裁者の論理と心理を解説した。

「NATOの東方拡大や弾道弾迎撃ミサイル（ABM）制限条約からの米国の脱退、（MD網強化のための）ポーランドやルーマニアへの迎撃ミサイル配備が問題とされてきたが、私の見方では、これらはほとんど関係がない」

二〇二二年五月二六日のオンライン取材にこう語るのは、アンドレイ・イラリオノフ（一九六一年生まれ）。プーチンが大統領に就任した二〇〇〇年に経済担当の大統領顧問となり、ロシアが先進七カ国（G7）の仲間入りをしていたG8時代にはシェルパ（大統領の代理）も務めた。だが〇五年末、プーチンの経済政策に異を唱え、職を辞した。現在は反プーチンの急先鋒でもある在野の知識人だ。

二つの拡大

そんなイラリオノフは、ロシアが長年「自国への脅威」と主張してきたNATOとMD網の「二つの拡大」はプーチンにとって、さほど重大な問題ではなかったと言明する。

ABM制限条約は「矛」である核ミサイルと「盾」の迎撃ミサイルの絶妙な均衡を狙った米ソ冷戦の知恵の産物だ。盾の能力をわざと抑えて相互に脆弱な環境をつくることで、先に核兵器を使った側が相手の大規模報復で壊滅的な被害を受ける「恐怖の均衡」を創出したからだ。

冷戦終結後も同条約は維持されたが、北朝鮮やイランのミサイル開発を新たな脅威とみる米国は二〇〇一年末、MD網拡充によって迎撃能力を強化しようと一方的に条約脱退を通告した。これに対しプーチンが「脱退は誤りだ」と猛反発した経緯がある。

実際、ウクライナ侵攻が始まった二〇二二年二月二四日、プーチンは「NATO拡大」と周辺国に展開する「軍事力」が座視できないロシアへの脅威だと強調し、侵略の暴挙に出た。プーチンの言う軍事力には、かつてはモスクワの庭先だった東欧に配備されたMDシステムも含まれるとみられる。

にもかかわらず、イラリオノフは、向こう見ずな戦争に突き進んだ独裁者の内面を全く別の角度から次のように詳説した。

二つの概念

「プーチンの心理状態や思考様式を考える上で非常に重要な要因が二つある。まず『ワンネーション（一つの国家）』という概念だ。ウクライナやベラルーシといった民族の存在を否定し、ロシア人とウクライナ人、ベラルーシ人は同じ民族であり、一つの国家を形成しているとの考え方だ」

イラリオノフの解説する「ワンネーション」は、まさに侵攻半年前に発表された二〇二一年のプーチン論文が依拠する概念だ。イラリオノフは言葉を続けた。

「二つ目は『ヒストリックロシア（歴史的由緒あるロシア）』。ロシア帝国復活を夢見る帝国主義的野心を持つごく少数の人々が醸成してきた概念だ。彼らは、ソ連をウクライナ、ベラルーシ、ジョージアなどの共和国で構成したことも大きな過ちだったとみている」

米国は多様な民族からなる国家だが、その市民は一様に米国人とされる。それと同じ理屈で、一八世紀から約二〇〇年続きウクライナなどを支配下に収めていた旧ロシア帝国領内に住む者は誰もが「ロシア人」。ソ連時代に民族単位の共和国を認めたのも失敗だった――。

イラリオノフは「ヒストリックロシア」の含意をこう補足し、さらに語を継いだ。

「プーチンは二つの概念を自分の外交・軍事政策のツール（道具）として使い、対ウクライナ政策、さらに今の戦争の背骨としていった。この戦争は帝国主義戦争と呼んでいい。プーチンは『NATOは脅威だ』と言い募ることで、ロシア帝国の再建という主要目的を覆い隠し、自身の主張を正当化してきたのだ」

COLUMN 07

独善的な論理と心理

ウクライナ侵攻が始まる四週間前、モスクワ駐在の米大使ジョン・サリバンがオンラインで筆者を含む一部記者と会見した。米国の懸念、安全保障を損なうロシアの行動、ロシアの要請、共通のグラウンド……。取材ノートに並ぶ言葉だ。

サリバンは「外交解決を望む」とする一方、ウクライナ国境沿いに一〇万人以上を配置するロシア軍がベラルーシ領内にも展開し始めたと指摘し「（眼前の）真実を危惧している」と語った。

ロシアは当時、ＮＡＴＯの不拡大や東欧からの兵器撤去を要求し、米露交渉が水面下で続いていた。

この頃、米国は偵察衛星や通信傍受などを通じ「侵攻は必至」との見方を強めていたが、世界中の多くの人はまだ外交解決を信じていたはずだ。戦争の代償があまりに大きく、ロシアが失うものも途方もないからだ。

開戦の二〇日ほど前、日本外務省首脳も「誰もどうなるか分からない。プーチンはまだ（腹を）決めていないとの説が強い。だから米国が圧力をかけている」と取材に言明した。この人物は侵攻回避も依然あり得るとしながらも、独裁者の真意が一向につかめないもどかしさをにじませていた。

　そして二〇二二年二月二四日、侵略戦争が始まった。プーチン本人が開戦の真相をいまだ語らぬ中、イラリオノフの証言全てが正確であるとは到底言いきれない。ただ、非合理な戦争に突き進んだ独善的な論理と心理に肉薄するには不可欠なピースだと思う。

プーチン大統領の元側近、アンドレイ・イラリオノフ。（写真提供：ゲッティ＝共同）

　NATOの東方拡大とミサイル防衛の拡大という「二つの拡大」に加え、ジョージアの「バラ革命」（二〇〇三年）やウクライナの「オレンジ革命」（〇四年）に象徴される民主化の波が到来した「カラー革命」や、一二年の大統領復帰前後にロシア国内に吹き荒れた反プーチンデモ、そしてプーチンが渇望したチェチェン系テロリストの引き渡しを巡ってぎくしゃくした米露関係……。

　こうした内政・外政上の客観的要素が、プーチンの抱く「二つの概念」とそれに起因する独善的な歴史観と世界観、さらに権力者特有の情念と相まって狂気の侵略戦争へとプーチンをかき立てていったのではないか。

アメリカの戦争が独裁者を触発

「ワンネーション（一つの国家）」と「ヒストリックロシア（歴史的由緒あるロシア）」――。二〇二二年二月二四日に侵略戦争を始めたロシア大統領プーチンの独自の論理を「二つの概念」から解説する元側近のアンドレイ・イラリオノフ。取材では、自身が仕えた大統領一期目の二〇〇〇年代初頭のプーチンは、今とは別人のようだったとも明かした。

「大統領になった最初の四年間、彼が（二つの概念に根差した）見解を示すことはなかった。ロシアはＮＡＴＯに加盟すべきだと主張していたし、本人もＮＡＴＯ入りを望んでいたのだから」

変心

一九八九年一二月、地中海マルタ沖に浮かぶ客船で米ソ両首脳が「冷戦終結」を宣言してから一〇年後にトップの座に就いたプーチン。就任翌年の二〇〇一年九月一一日、ニューヨークの世界貿易センタービルなどをハイジャックした民間機で攻撃する米中枢同時テロが起きると、プーチンは「国際社会が国際テロに対し一致団結して戦うべきだ」との持論を強調し、真っ先に米国への連帯を表明した。

そんなプーチンがなぜロシア帝国の復活を目指す二つの概念に取りつかれ、「NATO憎し」の情念へと駆り立てられていったのか。こんな疑問をイラリオノフは淡々と解き明かしていった。

「二〇〇三年から〇四年にかけてのことだ。二つの概念につながる要素が（プーチンの内面で）醸成されていくのが見て取れるようになったのは……」

大統領顧問としてプーチンに直接接していたイラリオノフによると、NATOに好意的だった独裁者に変心の兆候が表れたのは二〇〇三年の初秋だった。

「『トゥズラ危機』だ。トゥズラは黒海とアゾフ海を結ぶケルチ海峡にある細長い島。ウクライナに帰属するが、二〇〇三年九〜一〇月にロシアが占拠を試み、ウクライナが防衛した。幸いにも死者が出なかったので、多くの人は忘れているだろうが」

転機

戦略的要衝のケルチ海峡に浮かぶトゥズラ島はソ連の消滅後、ロシアとウクライナの争いの種だったが、一九九七年にウクライナ領とすることで両国が原則一致した。ところが二〇〇三年秋、ロシアが本土から同島に連なる堤防建設に乗りだし、これに慌てたウクライナ軍が出動、一気に緊張が高まった。

「ただこの時は、ロシア軍は動かず、地元の州知事が建設を主導していた。しかし、一介の州知事の判断で外国領を巻き込む工事を進められるはずがない」

イラリオノフは、ウクライナ領を侵食する堤防建設はプーチンの意を体していたとの認識を示し、言葉を継いだ。

「二〇〇三年当時のプーチンはまだ遠慮がちで、攻撃的でも露骨でもなかった。だから建設工事には自らが関与せず、言うなれば様子見をした。つまり持論に基づいた政策を推し進めた場合、どんな反応が（国際社会から）返ってくるのかをじっと見ていたのだ」

このトゥズラ危機を転機に、プーチンは「ワンネーションとヒストリックロシア」を実現しようと徐々にギアを上げていった。米欧のレッドライン（絶対に譲れない一線）と国際社会の忍耐の度合いを試すように。

実際、トゥズラ危機から五年後の二〇〇八年八月にロシアはかつての友邦ジョージア（当時はグルジア）と軍事衝突した。また一四年三月にはウクライナ南部クリミアを併合し、その後ロシア側からトゥズラ島を経由するクリミア橋を開通、加えて東部ドンバスの実効支配も強め、最後はウクライナ侵攻に行き着いた。

口実

それにしても、就任当初はロシアのNATO入りすら提唱していたプーチンが、変心の軌道を突如見せ始めた背景には一体何があったのか。

イラリオノフは「プーチンの心の内を決める役割を果たした要因の一つ」として、トゥズラ危機の半年前にあった歴史的事件を挙げた。それは二〇〇三年三月二〇日に米国が始めたイラク戦争（巻末の用語集を参照）だ。

「プーチンは触発されたのだ。もちろん断定はできないが、イラク戦争が彼に同じような振る舞いをしても良いと思わせたことは排除できない」

当時のジョージ・ブッシュ（子）米政権は、サダム・フセイン政権下のイラクが大量破壊兵器（WMD）を開発しているとして仏独などの反対を押し切って開戦に踏み切った。だがWMDは一向に見つからなかった。そのため、急迫不正の脅威がないまま先制攻撃を仕掛け、独立国家の体制を転覆したイラク戦争に対し「国際法違反」の非難の声も上がった。そんな曰く付きの戦争を巡り、プーチンは早くから反対の急先鋒だった。

「この出来事がプーチンに体のいい口実を与えたのだ。米大統領に許されるのに、どうしてロシア大統領には同様の行為が許されないのか、と自身を正当化できるように。米大統領がプーチンに先例を授け『こうやればいいのか！』という触発材料を与えてしまったのだ」

国の大小に関係なく、同じ国連加盟国として他国の主権と領土を互いに尊重してきた第二次世界大戦後の国際秩序。その大原則に世界的指導国の米国が背馳《はいち》する姿を目の当たりにし、プーチンは己の独善的な概念の実践へと暴走していったのか。

COLUMN 08

没落と暴走の始まり

プーチンの元側近イラリオノフの証言を聞きながら、「なるほど」と思わず相づちを打ったのはイラク戦争が「触発材料」になったとの件《くだり》だった。私自身、この戦争と同時にワシントンに赴任し、以降四年間、米国の政策決定の内幕を追いながら、戦争をフォローしていた経緯があるからだ。

フセインという冷酷無比の独裁者を引きずり落としたことの是非はともかく、この戦争はどう考えても失敗だった。開戦から三年後の取材メモにはこんな言葉が並ぶ。

「武力行使を通じた中東民主化はあまり見込みがないと分析していた。民主化成功は、外からの押し付けでなくイラク国民の努力にかかっている」（開戦時の米中央情報局＝CIA分析官）

「米軍には十分な兵力がなく、バグダッド陥落後、イラクを荒廃させた略奪を防ぐ措置が何ら取られなかった。略奪を阻止できなかったことが最大の失策だった」（開戦時の国務省分析官）

イラクの民主化に成功したら中東全域で民主主義が拡大する。フセイン政権は大量破壊兵器（ＷＭＤ）を開発しており、これがテロ組織の手に渡れば「９・11」の再来となる――。

開戦前、こんなナラティブ（語り）が米高官によって流布され、日本を含む世界のメディアを席巻した。しかし、それは大間違いだった。イラクで犯した致命的なミスは超大国米国の没落の始まりであり、イラリオノフが言うように、ロシアの独裁者を暴走させる起点となったのかもしれない。

「米国が裏切った」

ウクライナに侵攻したプーチンは、二〇〇三年春開戦のイラク戦争に「触発されたのだ」と語った元大統領側近のイラリオノフ。彼の発言を補強する証言が、プーチンに政策を指南してきた別の人物からも得られた。

「(大統領就任後) 最初の一、二年間、ブッシュ (子) との友情は実に素晴らしかった。二〇〇一年九月一一日に米中枢同時テロが起きると、真っ先にブッシュへ電話し、ロシアに何かできることはないかと尋ねていたのだから」

分水嶺

こう語るのは、モスクワのシンクタンク「政治情報センター」所長のアレクセイ・ムーヒン (一九六一年生まれ)。これまでプーチンが主宰する専門家の会合にも定期的に招かれてきた。

「しかし問題だったのは、ブッシュがアフガニスタン攻撃、イラク戦争へと突き進んだことだ。プーチン本人が仲間内で『米国とブッシュは自分のことをこけにし、友情を裏切った』と話していたのを覚えている」

ムーヒンはイラリオノフ同様、NATO入りを当初望んでいたプーチンを心変わりさせた分水嶺がイラク戦争であり、それ以降は「雪玉が転がるように」対米不信が膨らんでいったと解説した。

そして二〇〇七年二月、ドイツ・ミュンヘンでプーチンを知る二人が注視する〝事件〟が起きた。

「ベルリンの壁は今や土産物になっている。だが彼らは新たな分断線を引き、我々の前に壁をつくろうとしている」。米欧の閣僚も集うミュンヘン安全保障会議でプーチンが、西側への敵意をむき出しにしたのだ。

腹決め

二〇〇七年の当時、米国は東欧ポーランドに迎撃ミサイル基地を建設するミサイル防衛（MD）計画を推進していた。迎撃弾の標的は米国の天敵・イランから飛来する弾道ミサイルだったが、プーチンの受け止め方は全く違った。

「（MDが稼働すれば）我々の核戦力による潜在的な脅しは完全に無力化される。米露の勢力均衡が瓦解するのだ」。プーチンはミュンヘンの演説で、MDが冷戦期から続く米露の相互確証破壊（MAD、巻末の用語集を参照）を崩壊させるとの持論を展開した。

それでも米国は、MDの限定的な能力を根拠に「ロシアの大陸間弾道ミサイル（ICBM）の迎撃は不可能だ」と説得を試みるが、プーチンは全くの聞く耳持たずだった。

イラリオノフは一方で、この演説の一年前にはプーチンが米国との対決路線の腹決めをしていたと語る。

「二〇〇六年一月のことだ。プーチンはロシア帝国の復活は軍事的手段でのみ可能だと断じ、二つの重要決定を下した。まず巨費を投じた再軍備だ。（ウクライナ侵攻前まで）約一兆ドル（約一五〇兆円）が費やされた」

確かにロシアの国防費はうなぎ上りで、ストックホルム国際平和研究所（SIPRI）によると二〇〇五年の二七三億ドルが一〇年には五八七億ドルへと倍増。クリミアを併合した一四年には八四七億ドルを記録し、ウクライナ侵攻までは毎年六〇〇億ドル台で推移した。

見えぬふり

「二つ目の重要決定はロシア中央銀行の外貨準備高の構成を変え、金の割合を（一気に）増やしたことだ。まるでロケットのように」

二〇〇五年末に経済政策を巡る路線対立で大統領顧問を辞したイラリオノフは「中銀総裁が誰であれ、この政策が履行された。それがクレムリン（大統領府）の決定だからだ」と言葉を続けた。

金の保有増によって基軸通貨の米ドルへの依存度を下げ、米欧などが将来発動するかもしれない経済制裁に備えたとみられる。

それにしても、なぜ二つの重要決定が二〇〇六年だったのか。イラリオノフは要因として〇三年秋の「トゥズラ危機の失敗」を挙げた。前述した通り、黒海とアゾフ海を結ぶ要衝ケルチ海峡に浮かぶウクライナ領トゥズラ島の占拠をロシア側が試み、頓挫した事件だ。「この失敗を受けプーチンは、もっと周到に準備しなくてはならないとの結論に至ったのだ」

ロシアの軍事強国化と金保有による米欧の呪縛からの脱却——。独裁者は入念に下地を固めた。そして「ワンネーション」と「ヒストリックロシア」という帝国復活の方位計を胸に、「裏切り者」と見なした米国への情念をたぎらせながら侵略の道へと進んでいったのか。

二〇〇八年四月、ルーマニア・ブカレストでのＮＡＴＯ首脳会議でウクライナ加盟問題が論じられると「（ウクライナという）国の存在が危機に瀕するかもしれない」とまで言い放ったプーチン。その四カ月後にはジョージアと軍事衝突し、一四年のクリミア併合を経て二二年のウクライナ侵攻へと行き着いた。

米国からのオンライン取材に応じたイラリオノフは事態悪化を制止できなかった背景に「米欧の現実無視」があったと語り、元上司であるプーチンの蛮行に忸怩《じくじ》たる思いをにじませた。

「ロシアを離れた多くの者がプーチンの次なるステップに警鐘を鳴らしてきた。しかし西側指導者の多くは見えぬふり、聞こえぬふりを選んだのだ」

COLUMN 09

特有の自尊心が動因か

「相手に注意深く耳を傾ける人物。会話していて愉快な人」。プーチンは二〇〇一年六月、初めて会談した米大統領ブッシュ（子）についてこう語り、好印象を示した。ブッシュもこれに呼応し、プーチンについて「目を見て信頼できると感じた」と述べた。敵意むき出しの現在の米露関係を思うと隔世の感がある。

プーチン大統領とアレクセイ・ムーヒン。（写真提供：Sputnik／共同通信イメージズ）

なぜプーチンはその後、米欧に牙をむき、あれほど残忍な侵略行為に出たのか。プーチンを知るムーヒンの話を聞くと「自尊心」がキーワードの一つではないかと気付かされる。「プーチンは私たち政治学者を前に『米国はロシアをこけにし、自分たちのゲームを展開した』と言明したことがある」。二〇二二年六月二日のオンライン取材に応じたムーヒン。「(一時大統領だったドミートリー・)メドベージェフに『米国はいずれ貴兄をこけにする。この点を理解すべきだ』と忠告したこともある」とも明かした。メドベージェフが大統領の頃は、米露協調が比較的スムーズに進んだ時代だった。

NATOの東方拡大とMD拡充といった安全保障上の問題が、プーチンの不信と憎悪を増幅する要因となったことは確かだろう。

ただより強かった動因は、帝国復活を夢見る傍《かたわ》ら、大国として米国と伍《ご》していきたいという特有の自尊心ではなかったか。だからこそ自身が「属国」と見なすウクライナが西側とがっちり手を組む事態は「こけにされた」と映ったのかもしれない。

第3章
侵略された「核を諦めた国」

プロローグ

「一九六二年のキューバ危機以来、核使用のリスクが最も高まっている」

ロシアによるウクライナ侵攻が始まってからやがて二年を迎える二〇二四年一月、インタビューに応じた米国の複数の核専門家が異口同音にこんな認識をあらわにした。

米国の「核のプロ」たちが抱く危機感の背景に、侵略戦争の手を緩めないロシア大統領プーチンの執拗な核恫喝があることは言うまでもない。「最も核使用のリスクが高まったのはウクライナ東部・南部の四州併合があった二〇二二年秋のことだ」。こう語ったのは、本著のストーリーテラーの一人である米国の元駐ウクライナ大使スティーブン・パイファーだ。

ウクライナは一九九一年末のソビエト連邦消滅時、ソ連が残した約五〇〇〇発の核弾頭を持つ世界第三位の核大国となった。ただ紆余曲折《うよきょくせつ》の国内論争の末、一九九四年に全ての核を手放す決断を下した。そんな核を諦めた国がむき出しの暴力で侵攻された。しかも核の脅しを全身に浴びながら。

無残な侵略戦争が始まってから七カ月が経過した二〇二二年九月三〇日、プーチンは節目の演説をぶった。それは驚愕《きょうがく》の連続だった。

「ドネツク、ルハンシク、ザポリージャ、ヘルソンの住民投票が行われ、人々は一つの明快な選択をした。今日、私たちは四州をロシアに併合する条約に調印する。これは何百万もの人々の意志だ。それは奪うことのできない権利で、国連憲章第一条にも記載されている。歴史的一体性に基づく権利である」

そして、パイファーら世界中の核専門家の多くが憂慮の念を深めたのは、演説の次の件《くだり》だった。

「米国は核兵器を二度にわたって使った唯一の国だ。日本の広島と長崎を破壊した。米国は英国とともに、第二次世界大戦で軍事的な必要もないのにドレスデンやハンブルク、ケルンなど多くのドイツの都市を廃虚に変えた。米国は韓国やベトナムで残虐な無差別爆撃を行い、ナパーム弾や化学兵器を使用した」

この一節を注意深く聞いた者の脳裏をかすめたのは恐らく、眼下の戦争が招来するかもしれない三度目の核攻撃のリスクではなかったか。あの「人権大国」を自称する米国が極悪きわまりない残虐兵器を一度ならず、二度までも使用したとプーチンがあえて強調し、核兵器が生身の人間に使われた既成事実をことさら印象付けようとしたのだから。その行間に潜むのは、「併合を宣言した四州に北大西洋条約機構（NATO）が手出しをするなら、ロシアは核使用も辞さない」としたむき出しの核威嚇のシグナルであり、仮に自分が「核のボタン」を押したとしても「既に先例がある」と開き直る自己正当化の論理である。

この演説の二〇日前、ロシア軍は一度占領下に収めていた東部ハルキウ州の要衝イジュムやその周辺の制圧地域から敗走していた。そのため、ロシア軍不利の戦局を一気に挽回する奇策として、あるいは形勢逆転へ向けた反転の狼煙《のろし》として「プーチンが本当に核を使うのではないか」と、ワシントンはじめ関係国の首都に極度の緊張が走ったのは、ちょうどこの時期だった。

本著校了時の二〇二四年初夏、あまりに残忍で苦痛な闇の先に平和の光は見えない。核保有国による非核保有国に対する非道な破壊と暴力が続き、無辜の民が今この瞬間も死と背中合わせにある。そんな無残で非人間的な侵略戦争の本質的な構図は「核の威嚇を背景とした長期消耗戦」である。

既述の通り、ソ連解体によりウクライナは一時、核大国となった。ただ「核のボタン」は基本的にモスクワの手の内にあった。それでも、目の前にある核弾頭の一部を自分たちの手中に収められないか、あるいは果たしてそうすることが新生国家として得策か否か、核保有の是非を巡る国内論争がわき起こった。

最終的にウクライナは一九九四年、「非核の道」を選択し、核拡散防止条約（ＮＰＴ）に加盟することを決めた。西側の市場経済システムに自国経済を統合し、米英などから長期的な「安全の保証」（巻末の用語集を参照）を獲得することの方が長い目で見て国益にかなうと判断したからだった。またソ連の継承国家となったロシアへのぬぐい去れない不信感も、西側諸国が望む核放棄へとキーウに歩を進めさせた。

ここからは、第二次世界大戦後の国際政治の構図と大国間関係の方程式を劇的に変質させた「核」をいったん手にした国がこれを諦めていく軌跡を当事者の証言から追う。そして核放棄した国家が核軍拡を続ける国家に蹂躙《じゅうりん》された帰結が、人類全体にどんな代償をもたらすかを考えていく。まず「冷戦の残滓」、つまりウクライナに残された膨大な数量の核兵器を巡ってウクライナ国内でどんな議論があったかを紹介したい。

核兵器に未来を託さず

「ソビエト連邦が崩壊し、世界第三位の核能力を引き継ぐことになった。ウクライナ領内に貯蔵された核は、英仏両国の合計数よりも多かったのだから」

ロシアに侵略されたウクライナのベテラン外交官が二〇二二年八月一六日、オンラインの画面越しに滑らかな英語で証言し始めた。ボリス・タラシュク（一九四九年生まれ）。この年の元日に七三歳を迎え、外相も二度務めた大物だ。インタビュー時は欧州の国際機関「欧州評議会」（巻末の用語集を参照）のウクライナ大使としてフランスに駐在していた。

ウクライナ版　非核三原則

東西冷戦の終焉から二年になる一九九一年の年の瀬、一五の共和国で構成されていたソビエト連邦が消滅した。同時に核ミサイル発射に必要なコード（暗号）など核兵器運用の権限が、ソ連最後の最高指導者ミハイル・ゴルバチョフの手から初代ロシア大統領のボリス・エリツィンの元へと平和裏に譲り渡された。

シンクタンクの米国科学者連盟（FAS）によると、ウクライナに残された核弾頭数は約五〇〇〇発。うち一二四〇発は核戦争時に米国本土を狙う一七六基の大陸間弾道ミサイル（ICBM）搭載用だった。ただ、「核のボタン」はロシア軍最高司令官のエリツィンが握ることになった。

一九一七年のロシア革命を経て七〇年以上ウクライナを支配したソ連が、自らの解体と同時に突如置き去った膨大な数の核兵器。ソ連消滅の直前に独立宣言したウクライナの国内では早くから、帝国の置き土産を巡る侃々諤々《かんかんがくがく》の議論が繰り広げられた。

まず独立前の一九九〇年七月、当時のウクライナの最高立法機関・共和国最高会議は「核兵器を受け入れず、つくらず、手に入れず」の非核三原則を表明した。当時はまだ、人為ミスで原子炉が暴走、爆発した八六年のチョルノービリ（チェルノブイリ）原発事故（巻末の用語集を参照）の記憶があまりに生々しい時期だった。

決別と独立

この時外務省高官だったタラシュクはインタビューで、ウクライナ独自の非核三原則の狙いをこう説明した。

「『ウクライナは核保有国にならない』という国外向けのアナウンスだった。と言っても、外国を喜ばせるためではない。ソ連から政治的な距離、かつ安全保障上の距離を取るための措置だった。最高会議議員らの意図は『ウクライナはソ連と違う。ソ連の政策を踏襲することはない』と公言する点にあったのだ」

ウクライナは決してソ連と同じ轍《てつ》を踏みはしない――。独自の非核三原則にこんな思いを込めた最高会議。国家統制型の非効率な経済システムで国力は一向に上がらず、核を頂点とする軍事力に巨費を投じ、挙げ句の果てに未曾有の原発事故で大切な故郷を放射線で汚染したソ連はもううんざり。非核三原則には旧体制と決別し、自由と独立を求める新生ウクライナの気概が重ねられていた。

一方でソ連消滅後、独立した母国を守るには自前の国防力が必要となる。かと言って、隣国ロシアのサポートを手放しで受け入れ、モスクワを信用することにも大きなためらいがある。そんな中、目の前にある核兵器をあっさり手放していいのか……。

こんな複雑な国内感情を背景に、最高会議が非核三原則を打ち出した翌年、キーウでは新たな議論が始まった。

「人質」

「一九九一年に入ってウクライナ政府の代表、最高会議の代表、核や軍事の専門家による協議がスタートした。数十回にわたる会合が持たれ、私は全てに参加した。そしてある結論にたどり着いた」

こう証言するタラシュクが言葉を続けた。

「選択肢は二つあった。核兵器を国内に温存してロシアにその運用を委ねるか。それとも核保有国の道は選ばず独立するか、つまりロシアから『独立』するか、だった」

ウクライナのベテラン外交官、ボリス・タラシュク。（本人提供）

ソ連崩壊を受けてロシアは独立国家共同体（ＣＩＳ）の創設に動き、旧ソ連諸国への影響力を死守しようとした。その一環としてモスクワは「ＣＩＳ統一軍」を設立し、軍事的主導権を握ろうとするが、ウクライナはこれに強く抵抗した。

「戦略核運用のためにロシアとウクライナの統合司令部をつくる可能性も論じられた。しかし、全ての通信ラインと指揮所はモスクワにある。従ってウクライナは（決定権のない）単なるオブザーバーでしかなく、モスクワの狂気の『人質』になりかねない！」

モスクワの狂気の「人質」。どぎつい言葉の含意をタラシュクは次のように解説した。仮にＩＣＢＭがウクライナに配備され続け、ウクライナに悪意を抱くロシア軍関係者がこれを故意に米国へ発射したとする。ウクライナからの発射を軍事衛星で即座に探知した米国は自らの核ミサイルで大量報復し、ウクライナの母なる大地は瞬時に焦土と化す――。

「我々には結局、核戦力をコントロールする政治的、技術的な術《すべ》は全くなかったのだ。だからこそウクライナは議論の末、核兵器を放棄する決断に至った」

残された核にわが身の安全を安易に委ねれば、ロシア由来の新たな「核リスク」にさらされかねない。そのため、モスクワの自家薬籠中のものである核兵器などに国の未来は到底託せない。タラシュクらが非核を選んだ底流には、そんな根深い対露不信、そして自由と独立への渇望があったのだ。

COLUMN 10

もっともらしい言説

一九九一年末のソ連消滅直後に被爆地広島に赴任して以来、筆者は三〇年近く核問題を追いかけてきたが、ロシアのウクライナ侵攻はまさに青天の霹靂《へきれき》だった。

しかも核超大国が核恫喝のシグナルを前面に押し出しながら、核兵器を自発的に手放した隣国を非情なる暴力で侵略する。それは絶対あってはならない事態であり、NPTを基層とした核の国際秩序はたちまち地殻変動に襲われた。

「ウクライナ侵攻を見て北朝鮮は核放棄することはないだろう」「日本も米国との核共有の議論を始めた方がいい」

侵攻後、旧知の安全保障専門家らからは、こんな意見を聞くことが増えた。ただ、とりわけ注意しなくてはならない言説がある。それは「ウクライナが核兵器を諦めていなかったら、侵攻はなかった」という類いのナラティブだ。

「ウクライナが仮に核兵器を手放さず、プーチンに威嚇のメッセージを送ることができていたなら、ロシアの侵攻を食い止められたかもしれない」との説明は一見もっともらしい。

だがそこからは、冷戦終結後にウクライナが直面していた現実が捨象されている。その一つが同国に残された核兵器の「ボタン」を握っていたのはロシア大統領であり、ウクライナ大統領ではなかったという冷徹な現実だ。核を手放す理由は他の現実にもあった。当事者の肉声を基に、さらに深掘りしていきたい。

「プロパガンダ信じた米国」

「ウクライナが学ぶべき教訓は非常に重い。現にロシアとの戦争になってしまったのだから。私はロシアが主敵になると（早くから）予測していたのだが……」

ロシアのウクライナ侵攻から五カ月が過ぎた二〇二二年七月三一日、現地と日本を結ぶオンライン取材にこう語るのはユーリー・コステンコ（一九五一年生まれ）。ウクライナ西部ビンニツァで生まれ、九〇年から同国最高会議（議会）の議員を長年務めた。九一年のウクライナ独立直後には、旧ソ連が残した約五〇〇〇発の核兵器の扱いをロシアと協議する代表団も率いた。

それから三〇余年、核放棄の見返りに米国、英国、そしてロシアと交わした「ブダペスト覚書」（巻末の用語集を参照）がウクライナの国家安全保障に全く役に立たず、結果的にロシアの侵攻を許した現実に忸怩たる思いを抱く。「私は当時、この問題のど真ん中にいた」。コステンコはこう前置きして回想を始めた。

自主路線追求

「議員になってウクライナの国家安全保障の概念を研究する特別グループを立ち上げた。ここで核放棄の問題も議論するようになる。一九九二年には環境保全相に就任し、核問題を交渉する代表団の初代団長を務めることになった」

既に概説したように、ウクライナ最高会議は独立を宣言する約一年前の一九九〇年七月「核兵器を受け入れず、つくらず、手に入れず」の非核三原則を表明していた。

「ウクライナは一九八六年のチョルノービリ原発事故を生き延びた。それは最も巨大でおぞましい核の惨事だった」と非核三原則の背景を説明するコステンコ。さらにこう言葉を続けた。

「だがソ連崩壊後、我々の立場に変化が生じた。ウクライナ領内に核兵器が残され、事実上の核保有国となったためだ。核を扱うロケット部隊もあった。ただ核を解体しようにもウクライナにはお金がない。戦略ミサイルを廃棄する技術もない」

それでもコステンコは核弾頭をロシアにただ移送するのではなく、あくまでウクライナが自国内で主体的に解体・廃棄する「自主路線」を追求した。それが、独立後のウクライナの国益に資すると確信していたからだ。

新生国家の糧

「(核弾頭から取り出した)核物質の高濃縮ウランやプルトニウムは、原発の燃料としてウクライナのエネルギー計画に活用できる」

こう語を継ぐコステンコは当時、自主的な核解体こそが「ウクライナ版アトムズ・フォー・ピース(平和のための原子力)」につながり、新生国家の糧になると考えた。核弾頭を外したミサイルも通常戦力への転用を検討したという。

コステンコはまた、資金力と技術力のないウクライナがロシアに依存せずに核解体の道を探るべく、冷戦時代は敵対した米国の政府や原子力業界との連携を模索した。全ては「脱ロシア」の考え方が根底にあったのだ。

「(米大手)ゼネラル・アトミックスと別のもう一社が我々と協力する実効的な方策を示してくれた。米政府もウクライナの非核化へ向けた国際基金を創設し、エネルギー分野での支援を行うことを提案した」

共産主義とロシアへの不信感が元来強く、ウクライナ国内の民主派勢力の台頭にかねて尽力してきたコステンコ。独立後の母国の安全保障についても、米国との協働こそが不可欠だと考えた彼は「軍事分野で米国との特別な協力関係を築くことが最も重要だった。非常に強力な軍事計画があり、『核の傘』を備えた日米関係のように」と言葉を補った。

二つの過ち

コステンコの特別グループはウクライナ主体の核解体構想を立案し、初代大統領のレオニード・クラフチュクに提言した。しかし、そこへ横槍《よこやり》が入る。

「ロシアが自国メディアを使って我々を非難し始めたのだ。ウクライナは核保有国になりたがっており、全ての戦略ミサイルを掌握するつもりだ、と。西側、特に米国を意識した動きだった。そんな事実などないのに」

残された核の扱いを巡るロシアとの交渉の最前線にいたコステンコは当時、メディアが流布する情報をモスクワの仕掛けた情報戦と受け止めた。

「ウクライナ最高会議の決定は明白だった。それは国内にある核を全て解体し、非核保有国となること。ところがロシアは、ウクライナが（核ミサイル発射時に使う）『赤いボタン』を保持し、核保有国になろうとしていると米国に訴えた。そうやって『核弾頭はウクライナで解体するのではなくロシアへ移送するべきだ』とブッシュ（父）、クリントン両米政権を説得したのだ」

こう証言するコステンコはさらに、米国を中心とする西側が「二つの大きな過ち」をしでかしたと語気を強め、さらに続けた。

「一つ目の過ちは、西側とりわけ米国がロシアのプロパガンダを信じ込んでしまったことだ。もう一つは、ウクライナは全ての核兵器をロシアに移送しなくてはならないと思い込んだことだ」

断続的にロシアのミサイル攻撃や砲撃にさらされるキーウからオンライン取材に応じたコステンコは激しい憤りを隠さなかった。冷戦後にロシアに引き渡した戦略軍用機が「今になって、ウクライナの市民と街を爆撃しているんだ」と。

COLUMN 11

タカ派の描いた戦略構想

インタビュー時に野党「ウクライナ人民党」を率いていたコステンコは、ロシアの侵攻後、各国メディアに頻繁に登場し「核兵器があればロシアは攻め込めなかっただろう」などと発言した。そのため〝核のタカ派〟と目されがちだ。

だがじっくり話を聞くと、彼が描いていた構想がいかに戦略的だったかが見えてくる。またその底流には、強烈な対ロシア不信と民主主義的価値への強い信奉が実在することが分かる。

まず核弾頭をウクライナ国内で解体すると、相当な時間がかかる。約五〇〇〇発の一部をロシアに移管しても一〇年は下らなかっただろう。ウクライナはその一〇年以上の歳月を使って、一九九四年に米露英と結んだ「ブダペスト覚書」よりも、はるかに確かな「安全の保証」を獲得できていたかもしれない。

コステンコの頭の中には、将来的なウクライナのNATO加盟があった。プーチンの存在を考えると、そのオプションにどこまで実現性があったかは大きな疑問が残るものの、法的拘束力がなく「ただの紙切れ」とコステンコが見なす「ブダペスト覚書」以上

ウクライナの政治家、ユーリー・コステンコ。（写真提供：共同通信社）

の成果が得られた可能性は否定できない。

コステンコは、残された核弾頭の所有権はあくまでウクライナに帰属すると考えていた。仮にそれが現実となっていれば、核弾頭解体後に取り出された高濃縮ウランは希釈して原発燃料としてウクライナがもっと自由に使えたはずだ。そしてそれは、新生国家がエネルギー安全保障の確立を目指すのに必要な方途でもあった。

モスクワ発の核戦争を警戒

消滅国家となったソ連が突如残した約五〇〇〇発の核弾頭。自国内での核解体・廃棄の道を探った当時のウクライナ最高会議議員コステンコは、最低一〇年はかかるとされた廃棄期間中に西側からの確実な「安全の保証」を取り付け、弾頭から抽出した核物質を原発燃料に活用する未来図を描いた。

そんなコステンコが一九九二年、チョルノービリ原発事故の後処理に関与する環境保全相に就任すると、核を巡るロシアとの交渉の矢面《やおもて》に立つことになった。ただ新生国家の将来を考えると、何と言っても重要なのが「冷戦の勝者」米国の動向だった。

独自構想

コステンコの閣僚就任前の一九九二年四月、ウクライナ議員団が米国との協議のため、ワシントンを訪れた。議員団が懐に携えていたのは、コステンコ率いる議会の特別グループが考案した次の四項目の対米提案だった。

その内容は、①非核化後の「安全の保証」を議論する②ウクライナが核問題交渉の当事者であることを確認する③核ミサイル解体の財政的・技術的支援の可能性を検討する④弾頭から取り出した核物質を民生用に再利用する支援策を模索する――。

コステンコは五〇〇〇発全てをロシアに移送するのでなく、対米攻撃用の戦略核ミサイルは手元に残した上で対米、対露交渉のカードに使おうとした。そして「核のボタン」を握るロシアがウクライナの破壊工作に出ないよう、自国に残る核の国際管理を検討した。「まずはロシアが戦略（核）兵器をウクライナから発射するのを阻止すること。ロシアは（核のボタンを押して核攻撃を）モスクワから始められる。だからウクライナ領内にある核を国際的な管理下に置く。そして核弾頭は特別貯蔵庫に移し、段階的に非核化を進める」

三〇余年前に自ら描いた独自構想を振り返るコステンコ。何より警戒したのは、母国を焦土にしかねない「モスクワ発の核戦争」だった。そのため冷戦後、唯一の超大国となった米国を効果的に関与させながら、自国からの核ミサイル発射を防ぐ仕組みづくりを目指した。

安定化因子

ウクライナ議員団の訪米と同じ頃、コステンコ自身はモスクワに飛んでいた。ロシアに加え、ソ連の核が同様に残ったベラルーシ、カザフスタンと核問題を協議するためだ。この直前の一九九二年四月九日、ウクライナ最高会議は性急なロシアへの核移送を戒め、自国にある核をロシア単独では使えないようにする措置の実施をまず求める決議を採択していた。

モスクワでの交渉後、コステンコはウクライナ大統領クラフチュクにこう報告した。「ロシアは、ウクライナが核のボタンを握ろうとする戦闘的なナショナリスト国家であるとのイメージを植え付けようと、あらゆる手を尽くしている」

クラフチュクはこれに先立つ一九九一年末、旧ソ連に代わって創設された独立国家共同体（CIS）の首脳会議で、ウクライナにある核兵器の九四年末までの全廃に同意、またその直後には自国領内の核ミサイルを発射できないようにする技術的措置が講じられることを条件に、ロシア大統領の「CIS戦略軍」最高司令官就任に反対しないと表明していた。

これに対しコステンコら対露懐疑派は、核の集中支配を強めたいモスクワのペースで核廃棄を急ぐクラフチュクに歯止めをかける動きに出る。

「（一九九二年春の訪露後）大統領にメモを書いた。ウクライナをロシアから守る必要がある。そのため核兵器を対露関係の『安定化因子』にする。つまりウクライナの管理下で領内に核を保持し続け、ロシアとウクライナ双方の同意なしに使用できないシステムを構築するべきだと助言した」

「核付きのユーゴスラビア」

コステンコはさらに言葉を継いだ。

「ロシアは我々の未来の友ではない。まず、この点を理解しなくてはならなかった。我が国指導層の説得を何度も試みたが、古くからの共産党員である彼らは、ロシアがいずれ独立ウクライナの真の脅威になるとは考えなかった」

共産主義に強い嫌悪感を抱く民主派勢力に属するコステンコ。ロシアへの不信が強ければ強いほど、より頼りにすべきだと考えたのは民主主義陣営の「盟主」米国だった。

だが肝心要の米国には別の優先課題があった。冷戦後の「最大の脅威」と見なす核拡散の阻止だ。そのためソ連崩壊でロシア、ウクライナ、ベラルーシ、カザフスタンに核兵器が残り、核保有国の数が一挙に三つも増えた事実は無視し得なかった。

当時のジョージ・ブッシュ（父）米大統領の懐刀で国務長官のジェームズ・ベーカーは、基本的にロシアがソ連の核を継承すべきだと考え、ポスト・ソビエトが「核付きのユーゴスラビア」となる事態を危惧した。そのため核を保持した独立国の乱立回避にとにかく全力を挙げていた。

その結果一九九二年五月、米国はロシア、ウクライナ、ベラルーシ、カザフスタンと「リスボン議定書」（巻末の用語集を参照）を結び、ロシア以外の国に非核保有国としてのＮＰ

T加盟を確約させた。

米露の圧力で急進展するウクライナの非核化。しかしこの後、ウクライナ議会では一気に不満が充満する。

COLUMN 12

ルース・ニュークス

「冷戦後最大の脅威は核兵器などの大量破壊兵器とテロリストの結合」。二〇〇〇年代、私自身が米政府関係者の口から何度も耳にした言葉だ。

一九八九年一二月、地中海マルタで米ソ首脳が冷戦終結を宣言して以降、米国はソ連とその後継国のロシアを直接的な脅威とは見なさなくなった。代わりに最重要案件として目を光らせたのが核爆弾や核物質の拡散だ。

ソ連崩壊で核保有国がロシア、ウクライナ、ベラルーシ、カザフスタンに拡大し、米国のブッシュ(父)、クリントン両政権はロシアによる核の集中管理を推進した。それは、米ソなど五カ国にのみ核保有を認めたNPTの動揺を招かない形で、国際核秩序の堅持を狙う米国の「ポスト冷戦戦略」でもあった。

またワシントンは、失職した旧ソ連の核科学者が第三国などにリクルートされたり、旧ソ連の核弾頭や核物質がテロリストに流出したりする事態を強く懸念した。

そのため米連邦予算を使って旧ソ連諸国に残った核の解体・廃棄を進め、科学者の再雇用を支援する事業を展開する。それは、防護管理の甘い「ルース・ニュークス(緩い

1994年5月、廃棄作業に向け、ウクライナ国内にある核ミサイル「SS19」のサイロ（地下発射施設）を開けるウクライナ兵。（写真提供：ロイター＝共同）

核）」を封じ込めるための核不拡散政策だった。

しかし二〇一四年にロシアがウクライナ南部クリミアを併合すると事態は暗転、第一章でも触れたように、核不拡散における米露の協調路線は後退の一途をたどる。

核不拡散優先に反旗

一九九一年末のソ連消滅を受けてロシア、ベラルーシ、カザフスタン、そしてウクライナの大地に三万発弱もの核弾頭が点在することになった。核拡散を「冷戦後の重大脅威」と見なし、危機感を募らす米国は翌九二年五月二三日、これら四カ国とリスボン議定書に調印し、ロシア以外の国に非核保有国としてのNPT加盟を約束させた。

これに先立つ五月七日、ワシントン訪問中のウクライナ大統領クラフチュクは記者会見で中・短距離型の戦術核（巻末の用語集を参照）についてロシアへの移送が完了したと突如言明する。これを聞いた米政権中枢は、ウクライナに残された核弾頭五〇〇〇発の半分以上が撤去されたことにひとまず安堵した。

想定外

しかしこの間、ウクライナ国内には動揺が走り反旗が翻る。その震源は、共産主義とロシアに強烈な不信感を抱くウクライナの民主派勢力だった。

「核保有国が消滅した後、残った核兵器をどうするのか、そもそもＮＰＴには規定がない。現にソビエト連邦が崩壊し、そうしたことが起きてしまった。だが西側のどの国もこの問題に向き合わず、新たな核保有国の出現阻止にばかり力を注いだ」

当時のウクライナ最高会議（議会）民主派勢力の中心的存在で、一九九二～九四年には閣僚として対米、対露交渉を主導したコステンコが述懐する。

確かに一九七〇年発効のＮＰＴは消滅国家が保有していた核兵器への対処法を何も定めていない。「核保有国（条約上、核兵器国と呼ばれる）」と「非核保有国（同、非核兵器国）」の二つの分類しかなく、言うなれば、ソ連消滅で生じた事態はＮＰＴの起草者には全くの想定外だった。

ウクライナ領内に残された核兵器なのだから、その所有権は一義的にはウクライナ側にある――。こんな持論のコステンコは証言を続けた。

「クレムリン（ロシア大統領府）は核をロシアに移送するだけでなく、ウクライナに残された（長距離型の）戦略核をウクライナの予算を使って解体するよう提案してきた。そうなればウクライナは経済破綻だ」

彼によると、核解体に必要な費用は当時のウクライナ年間予算の六割と見積もられた。

大統領親書

財政負担の問題だけでなく、核兵器を手放した後の「安全の保証」もウクライナ最高会議には特段の関心事項だった。その文脈で最高会議は一九九二年四月、ロシアへの性急な核移送に警鐘を鳴らし、自国の安全保障に格別の注意を喚起する決議を採択した。立法府のただならぬ空気を察知してか、クラフチュクはこの直前、戦術核のロシアへの移送停止を命じた。

一方、この動きに米国は一気に圧力を強める。国務長官ベーカーは公の場で全ての戦術核を移送するようウクライナ側に警告し、そうしなければ経済援助を見直すとまで示唆した。これを受け、クラフチュクは移送停止命令の撤回に追い込まれる。

米大統領ブッシュ（父）もリスボン議定書調印から一カ月後の同年六月二三日、クラフチュクに親書を送り、戦略核についても迅速な処分を行うよう促した。

親書にはこうある。「米国は条約を履行し旧ソ連の遺産である核の重荷を軽減するに当たり、完全で平等なパートナーであるウクライナと前向きに協働していきます」

ブッシュの言う「条約」とは、米ソが一九九一年七月に調印した第一次戦略兵器削減条約（ＳＴＡＲＴ１）だ。戦略核の弾頭数を双方六〇〇〇に削減するよう義務付けているが、ソ連消滅で批准・発効が危うくなった。そこで新たに核保有国となったウクライナなども入れたリスボン議定書を締結し、ＳＴＡＲＴ１を早期発効させるのが、ブッシュ政権の描く当面の絵図だった。

「ウクライナは最短でNPTを順守することになります。それは非核国の地位を表明した貴国議会が示した道筋にかなう重要な一歩です」。ブッシュの親書は、ウクライナ最高会議が一九九〇年に「核を受け入れず、つくらず、手に入れず」の非核三原則を宣言した経緯にも触れながら、クラフチュクに非核保有国としてのNPT入りを強く念押しした。

踏み込み不足

しかし親書は、コステンコらがとりわけ重く見る「安全の保証」について明らかに踏み込み不足だった。ブッシュは「核攻撃を受けたNPT加盟の非核保有国を支援するため、米国は国連安全保障理事会で即座に行動する意思がある」との従来見解を述べるだけだったからだ。

一方、こうした後景でロシア最高会議は一九九二年五月二一日、ソ連時代の五四年に南部クリミアを当時のロシア共和国からウクライナ共和国に割譲した決定が「不法である」と認定、黒海艦隊（巻末の用語集を参照）の分割問題も絡んでウクライナとロシアの関係はにわかに険悪化していた。

にもかかわらず、核不拡散を何より重視する米国はウクライナがリスボン議定書を批准し、非核保有国としてNPTに加わることを最優先した。そのため本格的な経済援助や「安全の保証」も、ウクライナに核撤去を促す切り札として温存する外交戦術を取り続ける。

非核後の母国の国家安全保障を確実に担保する手はずにめどが立たず、焦燥感を覚えるウクライナ最高会議の民主派勢力。コステンコらは次なる抵抗の準備に入り、核放棄のプロセスはこの後、紆余曲折をたどる。

COLUMN 13

異なる軌跡を歩んだカザフスタン

強い対露警戒心を胸に親欧米路線に傾くウクライナ議会の民主派と、旧共産党員も多い親露派。そんな当時のウクライナの政治勢力図を背景に、旧ソ連の核を巡り三〇余年前、さまざまな駆け引きが繰り広げられた。

二転三転の末、ウクライナは最終的に核放棄へと行き着くが、同様に大量の核兵器が残されたカザフスタンは異なる軌跡を歩んだ。

「外務次官だった一九九二年春、モスクワのリビア大使館を通じ、カダフィ氏が署名した大統領宛て親書を受け取った」。現在のカザフスタン大統領、カシムジョマルト・トカエフは二〇一五年の初夏、筆者に首都アスタナでこう語っている。

取材時に上院議長だったトカエフによると、当時のリビア最高指導者ムアンマル・カダフィ大佐の親書はアラビア語で「親愛なる兄弟よ　我々はイスラム圏初の核爆弾の所有者となる稀有《けう》な機会に直面している」と記していた。

核保有を目指す大佐は、ソ連崩壊を好機と見てイスラム教徒が多数派のカザフスタンに接近した。だがトカエフは大佐の申し出を却下する。「カザフスタンは既に（核放棄の）重大決定を行っていた。大統領府には『返答せずに放置すべきだ』と進言した」（トカエフ）。

冷戦時代、セミパラチンスク核実験場で繰り返された四五〇回を超える核実験で多くの国民が健康被害を受けたカザフスタン。国家安全保障のためにロシアとは一定の関係を維持しながらも、非核化への着実な歩みを進め、二〇一九年には核兵器禁止条約も批准している。

「安全の保証」で駆け引き

一九九三年の年明け、米国の政治権力の中枢・ホワイトハウス。当時のウクライナ外務次官ボリス・タラシュクが大統領執務室に向かった。迎え入れたのはジョージ・H・W・ブッシュ。一月二〇日には退任する予定の第四一代アメリカ合衆国大統領だ。

「大統領閣下、モスクワのレンズでウクライナをご覧になるのは現実的ではありません。モスクワがキーウの主人であるかのごとく」。こう諭すようにブッシュに話しかけるタラシュク。

彼はこの時、ソ連消滅でウクライナに残された全ての核弾頭のロシア移送をせかす米国に不満を覚えていた。それは、核兵器を手放した後の「安全の保証」が米国やロシアから具体的にどう確約されるのか、不安を募らせるウクライナ国内の民主派勢力の不満と通底していた。

四つの選択肢

「ウクライナ外務省も私もモスクワに従属することなど想像できなかった。だからこそ当初から独立した外交政策の実践に努めた。また、ロシアがウクライナの動向をあたかも左右するかのような言説を耳にすることにも我慢できなかった」

ロシアのウクライナ侵攻開始から半年を迎える二〇二二年八月、タラシュクはフランスからのオンライン取材にこう語気を強めた。この時点からちょうど三〇年前のホワイトハウス訪問。その二カ月前には、新生ウクライナによる「独立した外交」を実現すべく、キーウで同国駐在の初代米大使ロマン・ポパデュークと会談していた。

「一九九二年一一月一七日、タラシュク外務次官とポパデューク米大使は、核保有国がウクライナの国家安全保障を保証する問題について引き続き協議した。そして『非公式ながら』問題解決を可能にする選択肢が編み出された」。米研究機関ウィルソンセンターが所蔵するウクライナの外交文書には、核兵器を放棄した後の「安全の保証」を巡り突っ込んだ議論を交わしたタラシュクとポパデュークの会談内容が刻まれている。

二人が考案した選択肢は四つだった。ウクライナに対して核を含む武力の行使や威嚇をしないと誓約するため、①米露の共同声明②米国の単独声明③核保有国に「安全の保証」を求めるウクライナの特別声明④米国とウクライナの共同声明――のいずれかを発出する。

タラシュクはじめウクライナ側が最善と考えたのは、核放棄後の安全保障を米露双方が裏書きする①だった。

国内対策

一九九一年末のソ連消滅により核超大国が突如崩壊し、新たな核保有国が複数誕生する未曾有の事態が発生した。しかもウクライナなど新規核保有国を非核化し、いずれもＮＰＴに加盟させるのが米国のポスト冷戦戦略だった。それは、人類が経験したことのない暗中模索のチャレンジだった。

そうした中、一九九二年一一月のタラシュクとポパデュークの会談は重要な歴史の一コマと言えた。なぜなら、最終的に米露英がウクライナに安全保障を誓約する一九九四年末の「ブダペスト覚書」に網羅される基本原則が、この会談で米側から提示されたからだ。

その柱は、米露などの核保有国がウクライナの独立・主権・国境を尊重し、武力の行使や威嚇で独立を脅かさず、核使用も原則行わず、ウクライナが核の使用や脅しに遭えば国連安全保障理事会を通じて援助策を講じる点にあった。

タラシュクはまた、ウクライナの国内対策にも注意を払わなければならなかった。「安全の保証」が確立しないままウクライナからロシアへの核移送が進み、核放棄への経済的な補償も担保されない状況に、ウクライナ議会民主派の忍耐が限界点に近づいていたからだ。

そんな民主派の理解を得たいタラシュクはポパデュークとの間で「ウクライナ最高会議がＳＴＡＲＴ１とＮＰＴの批准問題を審議する前に（安全の保証に関する）声明を出すのが望ましい」と申し合わせた。

核の所有権

この両者の会談があった半年前の一九九二年五月、ブッシュ政権はロシアに加え、ウクライナなど新たに核保有国となった旧ソ連三カ国とリスボン議定書に調印した。ロシアにのみ核保有を認め、ウクライナなどを非核保有国としてＮＰＴに加盟させるのが議定書の狙いだった。米国は同時に、消滅直前のソ連と署名したＳＴＡＲＴ１もできるだけ早く発効させたかった。

一九九二年一一月、ウクライナ大統領のクラフチュクはそんなブッシュ政権の意向を踏まえ、リスボン議定書とＳＴＡＲＴ１の批准議案を最高会議に上程する。しかし審議は遅々として進まない。民主派勢力が抵抗したためだ。

そして一九九三年四月には、議員定数四五〇の三分の一を上回る一六二の議員が次のような公開書簡を発表した。ソ連が残した核兵器に対するウクライナの正当な所有権が認められ、経済的補償や「安全の保証」が約束されない限り、ＳＴＡＲＴ１などの批准承認審議は始められない――。

さらに「安全の保証」に関しては、法的拘束力のある条約化を求める声も議会側から上がっていた。次章以降、核放棄の鍵となった「安全の保証」を巡る駆け引きを追う。

COLUMN 14

巨大なクエスチョン

核兵器を手放した後に自国の安全保障は本当に大丈夫なのか。他国から侵略された場合、誰が助けに来てくれるのか。この二つの問いはいずれも、核を持つ国が核放棄を決断する際に直面する巨大なクエスチョンだ。

核を放棄した国の安全保障を関係国が体系的に確約する「安全の保証」。その具体的手順は、過去の北朝鮮の非核化交渉でも重大テーマだった。裏を返すなら、この手順が確立できなかった帰結こそが、核実験とミサイル発射を繰り返す現在の北朝鮮につながったのかもしれない。

二〇〇三年八月に北京で始まった、日米朝韓中露の「六カ国協議」を筆者は何度も取材した。当時の米国務長官コリン・パウエルは北朝鮮への「安全の保証」について「過去の歴史に多くのモデルがある」と言明したことがある。恐らく史実を参照しながら、何らかの措置を具体的に講じていたとみられる。

一方、法的な「安全の保証」を強く求めて北朝鮮が唱えた米朝不可侵条約は、米国にとって「論外」だった。北朝鮮に懐疑的な議員が少なくない米議会での条約批准が困難とみられる上、一九三九年の独ソ不可侵条約や四一年の日ソ中立条約などが「破られ、結局機能しなかった」（国務省当局者）という経験則をワシントンは重視していたからだ。

付言すると、六カ国協議の発足に重要な役割を果たした日本政府はこの時、北朝鮮への「安全の保証」が日本への「核の傘」に支障を来《きた》さぬよう、水面下で米側に働きかけていた。

第4章
ドキュメント「ブダペスト覚書」

プロローグ

「世界はどのように安全が守られているか、という現実について議論していくことをタブー視してはならない。日本国民の命、日本国をどうすれば守れるかについては、さまざまな選択肢をしっかりと視野に入れて議論するべきだ」

ロシアのウクライナ侵攻から三日後の二〇二二年二月二七日、日本の元首相、安倍晋三がフジテレビの政治討論番組で発した言葉が国内外の大きな注目を集めた。安倍の言う「さまざまな選択肢」、その中に北大西洋条約機構（NATO）が一九五〇年代から続ける「核共有（ニュークリア・シェアリング、巻末の用語集を参照）」が含まれていたからだ。

第二次世界大戦の英雄ドワイト・アイゼンハワーが大統領を務めた一九五〇年代、米国は通常戦力で優位を誇るソ連軍の脅威を深刻視した。大陸欧州の同盟国であるフランスや西ドイツは大戦で多大なる人命の喪失と絶望的とも呼べる破壊を被り、荒涼たる戦場からの復興を遂げる途上にあった。そのため、在欧米軍抜きでは最大の仮想敵国ソ連を抑止することは不可能に近かった。

そんな西欧諸国にとって唯一の頼みの綱が米国だったが、米国自身も一九五三年七月まで三年超続いたアジアの熱戦、つまり朝鮮戦争によって国力を激しくそがれていた。そこでアイゼンハワー政権は、いっそうの財政悪化と国家の疲弊を食い止めようと、新たな防衛政策「ニュールック戦略」に国力の命運を賭けた。

その要諦は、武器や兵員に膨大なコストを要する通常戦力から、自分たちが「より安価」と考える核戦力に防衛と抑止の比重をシフトしていく発想の転換にあった。その過程でアイゼンハワー政権は「大量報復戦略」（巻末の用語集を参照）を打ち出し、欧州防衛の観点から戦場での使用を想定した戦術核を大量にNATO諸国へ配備、有事には西ドイツやイタリア、ベルギー、オランダ、トルコといった同盟国軍の戦闘機から米国の核爆弾を投下する核共有を推進した。それはまた、相手を何度も壊滅できる核戦力で互いが対峙する「恐怖の均衡」の嚆矢《こうし》となる。

安倍の念頭にあった核共有オプションの形態は定かではないが、米国の核戦力と日本の国防力をより重ね合わせていく方向にあったことは間違いないだろう。露骨な核恫喝を背景に東・北・南の三方向からの対ウクライナ全面侵攻という、二一世紀においてよもやの暴挙を働いたロシアの動向を目の当たりにして、蛮行を働きかねない核保有国を掣肘《せいちゅう》するには核しかないと確信したのかもしれない。そして力を信奉するリアリストの視界の先には中国の習近平、北朝鮮の金正恩の姿がちらついていたのか。

加えて言うなら、米国に比肩する強大な核戦力を持つロシアが標的としたのが、旧ソ連の核を一時手にし、最終的にこれを全て諦めた非核保有国のウクライナだったという事実も極めて重かった。その衝撃の余波が「核の後ろ盾のない国は自国を守ることができないのでは」との疑念と不安を呼び起こし、永田町はじめ日本国内で核共有の議論がにわかに盛り上がる背景を成した。

ここからは、ウクライナが核を放棄していく軌跡を当事者証言や関係資料でたどると同時に、西側はじめ国際社会がウクライナ侵攻を防げなかった底流に光を照射したい。

核の所有権で攻防

ウクライナの首都キーウ北西約二〇キロの都市イルピン。二〇二二年二月に始まったロシアの侵攻直後に激戦地となり、その後発覚した多数の民間人虐殺は近隣のブチャの惨劇と同様、世界中を悲憤と絶望の深淵へと突き落とした。

一九九三年一月二六日、そんなイルピンでウクライナとロシアの重大交渉が幕を開けた。主題は、一九九一年末のソ連消滅に伴ってウクライナに残された核弾頭の扱い。その数は最大時約五〇〇〇発に上った。

危機感

「本日イルピンで始まった交渉が、最も繊細で重要な問題に関し、両国が生産的な協力関係へと向かう転換点になることを期待する」。ウクライナ首席代表ユーリー・コステンコの第一声が、米研究機関ウィルソンセンターが所蔵するウクライナ外交文書に刻まれている。

コステンコは続けて、ウクライナにある核弾頭の安全管理に必要な部品がロシアから届かない窮状に鋭い警鐘を鳴らした。モスクワの企図した「人工的な問題」のせいで我が母国は「真の脅威」に直面しており「脅迫行為」をやめるように、と。

閣僚であり国会議員でもあるコステンコはウクライナの安全が保証されるよう、こんな要求も突き付けた。ウクライナ配備中の戦略核の「無断使用」を防ぐ管理システムの構築で両国が合意すること――。

この時ウクライナには米国を狙う長距離核ミサイルが多数あったが、これを発射する「核のボタン」はあくまでロシアが握っていた。そのためウクライナは、ロシア単独で核使用が可能な現況に相当なる危機感を募らせていた。

コステンコはまた、消滅国家の置き土産である核兵器の「所有権はウクライナ側にある」と主張し、こうも力説した。国内にある核弾頭はもちろん、ロシアに移送済みの戦術核を解体した後に抽出されるプルトニウムなどの核物質は原発燃料としてウクライナに供与されるべきである――。

高めのボール

「私はロシア首席代表にこう問い質《ただ》したものだ。これらの核弾頭がウクライナのものでないなら、どうして核解体に我が国の予算を投じなくてはならないのか、と」

二〇二二年七月、近く七二歳になるコステンコはオンライン取材に対し、往時の対露交渉を振り返った。

冷戦時代、ウクライナにはソ連の核戦力を支える軍需企業群があり、長きにわたってソ連の核開発に多大なる投資と貢献をしてきた。代表的なのが、東部ドニプロ（ドニエプル）の「ユジマシ」。米ソ核軍拡競争の後景で大陸間弾道ミサイル（ＩＣＢＭ）開発を先導し、東側のミサイル製造の主翼を担い続けた企業だ。今回のロシアの軍事侵攻でドニプロは激しい攻撃対象となった。

同時代としての冷戦期を知るコステンコにしてみれば、核不拡散を優先する米国の圧力の下、そもそも核の所有権が曖昧《あいまい》なままロシアへの移送だけが粛々と進み、安全保障面や経済面での見返りが約束されない状況は甘受できるものではなかった。

だからこそ、イルピンでコステンコは核の所有権に固執し「高めのボール」を投げた。核を全面放棄するに当たり、「安全の保証」と経済的補償でより有利な条件をロシアから引き出すために。

深い溝

しかしそれは、モスクワにとって丸のみできない要求だった。一九九三年三月初旬には二回目の交渉が持たれるが、激化する両国間の攻防は糸口を見いだせず暗礁に乗り上げる。「核弾頭の所有権やウクライナに配備される戦略核の地位といった主要争点を巡る相違から、交渉は袋小路に陥った」。こう記された同年三月三日付のウクライナ外務省文書は、二回にわたる直接交渉にもかかわらず、「安全の保証」や経済的補償の問題を論じる起点にすら立てなかった両国の溝の深さを映し出す。

同文書はさらに続ける。「自分たちがソ連を継承する唯一の核保有国であり、核のオーナーだというのがロシアの立場だ。ウクライナに展開する戦略核戦力もロシアの管轄権にあり、ウクライナがこれに同意するなら、ロシアは核物質に関する補償を話し合う用意がある」

一方でこの文書は、米欧が強く求める「核問題の即時解決」の重要性を指摘した上で、次のような打開策を明示していた。

「包括的な問題解決の実現へ向け、交渉の雰囲気を決定的に変える必要がある。ウクライナ大統領は(ロシア大統領の)エリツィンに書簡を送り、交渉を首相レベルに格上げするよう提案した。交渉妥結が見込まれるのは、このレベルだけである」

これ以降、環境保全相として首席代表を務めていたコステンコではなく、ウクライナの外交当局が対露、対米交渉を主導していく。「無念なことに自分は対露交渉から外されていった」とコステンコは回顧する。

ただ二回の交渉が行われた一九九三年は、旧ソ連の核問題を決着させるに当たり、重大な転機の年だった。ワシントンでは一月にクリントン政権が新たに登場し、ウクライナにただ圧力をかけるだけではなく、ウクライナ最高会議が重要視する「安全の保証」について米国が積極関与する姿勢を見せ始めたからだ。

COLUMN 15

日本も絡んだ買収阻止劇

「ウクライナの国防相が訪日した際のことだ。中国企業に買収されそうなウクライナの軍需企業があったので、この買収をストップさせた。（問題の軍需企業は）旧ソ連の国営会社が民間化した企業で、タービンやエンジンがすごい。外務省や現地の日本大使館が頑張った案件だ」（首相官邸高官）。

二〇二一年三月下旬の取材ノートにある一節だ。当時はロシアによるウクライナ侵攻の一年弱前。よもや戦争が起きようなどと筆者は夢にも思わず、この取材を通して、米中対立を後景に日本も関与する熾烈な外交戦が繰り広げられている実情を思い知った。

当時、軍事技術革新を進める中国が目を付けたのは「モトール・シッチ」。ウクライナ南部ザポリージャを拠点に、ソ連時代から大型輸送機アントノフなどに搭載される航空機エンジンを手がけてきた老舗企業だ。

二〇一四年二月の「マイダン革命」（巻末の用語集を参照）で親露派政権が倒れたウクライナ。その余波で「モトール・シッチ」とロシアの取引も少なからぬ影響を受けたとみられ、その間隙を縫って優れた技術を囲い込もうとしたのが中国資本だった。

実はこの時、日本が仕掛けた買収阻止劇をロシア政府も注視していた。ロシア当局者が筆者の取材にそう明かしている。

旧ソ連時代から核ミサイルの開発やエンジン製造で目覚ましい技術力を誇示してきたウクライナ。ロシアの独裁者は今、むき出しの暴力でそれらを我が物にしようと血眼になっている。

核放棄失敗で路線転換

旧ソ連が残した大量の核兵器を巡るウクライナとロシアの交渉が頓挫した一九九三年春、ウクライナの将来を左右する大きな転換点が訪れた。同年一月二〇日にホワイトハウス入りした民主党のクリントン政権が、対ウクライナ政策のかじ取りを変え始めたのだ。同二〇日正午まで権力の座にあった共和党のブッシュ（父）政権は、ウクライナに残った核弾頭のロシアへの即時移送にとにかく固執した。核兵器の拡散こそ、冷戦後の「重大脅威」と見なしていたからだ。

視線と本音

そのためソ連崩壊で唯一無二の超大国となった米国は、消滅国家を継承したロシアとの関係強化を通じて核軍縮・不拡散の促進を図った。そして新たな核保有国の出現を阻止しながら、民主主義や市場経済に根差した「新世界秩序」の形成に心血を注いだ。

対露協調を重視するせいか、ワシントンがウクライナを見つめる視線も「モスクワのレンズ」（当時のウクライナ外務次官ボリス・タラシュク）を通したものになりがちだった。そんな冷戦の勝者米国の方向転換の芽生えが、政権交代直前の一九九三年の年頭に露見する。「新たに就任するクリストファー国務長官のチームとの会合は有益だった。米側担当スタッフは『新長官の下では、独立した旧ソ連諸国との関係が死活的な優先事項に挙げられている』と言及した」

一九九三年一月六〜八日にワシントンを訪れたタラシュクの外交記録（米ウィルソンセンター所蔵）からは、クリントン次期政権下での対米関係改善に大きな期待を寄せるキーウの本音が透けて見える。

タラシュクの外交記録はこう続ける。「新国務長官のチームは安全保障に関する我々の懸念を『共有する』とし、（米国がウクライナの安全を担保するに当たり）条件は付けないとの考えを示した」。タラシュクはクリストファー国務長官のキーウ訪問を促した。

条件と遺産

核放棄の代償としてウクライナが切望する「安全の保証」。その付与を巡りブッシュ政権は条件を付していた。それは、大統領ブッシュが消滅前のソ連と結んだ第一次戦略兵器削減条約（ＳＴＡＲＴ１）の批准だった。

この条約は、米ソが史上初めて長距離型の戦略核の削減で合意した画期的合意だ。だがソ連崩壊後、核兵器がロシア、ベラルーシ、カザフスタン、そしてウクライナに分散したため、条約発効にはロシアに加えてこれら三カ国の批准が新たに必要となった。

大統領再選に敗れ、この年の一月に退陣するブッシュ政権はSTART1を重要な「レガシー（遺産）」と見なした。だからこそ、核放棄後の「安全の保証」を迫るウクライナに対し、START1をまず批准するよう最後まで圧力をかけ続けた。

タラシュク訪米時の外交記録にも、ブッシュ政権高官のこんな言葉が刻まれている。「ウクライナ議会がSTART1を批准し、核拡散防止条約（NPT）加盟を承認すれば直ちに、米国は迅速かつ公式にウクライナの望む保証を声明で発表する」。START1批准とNPT加盟があくまで、「安全の保証」の前提条件だったのだ。

変化と呼応

しかしクリントン新政権の誕生で、そんなベクトルに変化が生じる。また米議会重鎮も呼応するかのように声を上げ始めた。その代表格が、上院外交委員長などの要職を歴任した共和党のリチャード・ルーガー。一九九三年一月のタラシュクとの会談では、START1批准がウクライナ議会で進まぬ点に懸念を示しながらも、「安全の保証」と核放棄への経済的補償を求めるウクライナの立場を支持する姿勢を表明した。

この会談には民主党上院議員のサム・ナンと、クリントンの下で国防長官に就任するレス・アスピンも同席した。アスピンは五カ月後にキーウを訪問、またナンはこの後ルーガーと共に、旧ソ連諸国の核解体を財政・技術的に全面支援する「ナン・ルーガー計画」を強力に推し進める。

スティーブン・パイファー。（本人提供）

「ブッシュ政権にとってウクライナとの関係上、最優先課題は核兵器の廃棄だった。この路線は（クリントン新政権登場直後の）一九九三年五月まで続いた」。クリントン政権の対ウクライナ政策立案に深く携わったスティーブン・パイファー（一九五三年生まれ）は、二〇二二年九月二一日のオンライン取材にこう明かした。九〇年代末には駐ウクライナ大使も務めるパイファーはさらに続けた。

「私は当時まだロンドンの米大使館勤務だったが、（一九九三年）五月にクリントン政権内で政策見直し（レビュー）が実施された。その結論は、核廃棄は第一の目的だが、ウクライナとの間でより広範な関係を築こうとする米国の意思を伝える努力がもっと必要だ、という趣旨だった」

ウクライナの核放棄を優先するあまり、キーウの最大関心事である「安全の保証」や経済支援を後回しにしていると受け取られたブッシュ前政権の路線は目的達成に失敗した——。

これが新たなワシントンの主《あるじ》の冷徹な分析だった。

COLUMN 16

脅威の芽を摘んだ良き伝統

オバマ、ルーガー両米上院議員。（写真提供：ロイター＝共同）

「一九九一年のソ連崩壊後、ロシア政府関係者が私と上院議員だった（サム・）ナン氏を訪ねてきて、軍部に給与が支払われておらず核の管理保全が機能不全だと訴えた。兵士が職場放棄するだけでなく、核物質を売り渡す恐れもあった」

一九七七～二〇一三年、米中西部インディアナ州選出の上院議員を務めたルーガーが生前、取材にこう語っている。ルーガーは、「核なき世界」の理念を掲げたオバマが核政策と外交の師と仰ぎ見た人物でもある。

「（イスラム過激派の拠点がある）カフカス地域への核流出を恐れるロシアは、これはロシア

リチャード・ルーガー。（2016年7月、筆者撮影）

だけでなく米国にとっても大問題だと指摘し（米露が協調して核の脅威を除去する）『ナン・ルーガー計画』につながった」

　共和党の重鎮議員だったルーガーは民主党の盟友ナンと同計画を策定し、ウクライナはじめ旧ソ連諸国に残された七五〇〇発以上の核弾頭の廃棄・解体を支援し続けた。米政府の巨費を投じて核拡散という冷戦後の脅威の芽を摘み、ノーベル平和賞の下馬評にも一時上がった。それを下支えしたのが「超党派外交」という米国の古き良き伝統だった。

　民主党の米大統領バイデンとも近かったルーガーは、筆者にこうも語っていた。「核を大量保有するロシアとの建設的な協力は喜ばしい。だがロシアが永遠に協力する保証はない」。二〇一九年にこの世を去った「核の賢人」は、今の凍《い》てつくような米露関係と核軍縮の冬を予見していたのか。

北風から太陽へ

「振り返れば、米国が核兵器の問題にばかり焦点を合わせるのは賢いやり方ではなかった。なぜならワシントンは期せずしてこんな論議をウクライナで呼び起こしてしまったからだ。『核を手放したら米国との関係は一体どうなってしまうのだろうか？』」

一九九三年一月誕生のクリントン米政権下で対ウクライナ政策立案のど真ん中にいたパイファーが、三〇年前を回想し始めた。九三年秋以降、国務省とホワイトハウスで要職をこなし、駐ウクライナ大使も務めた大物だ。

見捨てられることへの不安

米国が最も重視する核放棄が実現した暁《あかつき》には、ワシントンのウクライナへの関心は雲散霧消し、もはや相手にされなくなるのでは……。一九九〇年代前半、こんな「見捨てられることへの不安」がキーウの政権幹部の脳裏を幾度かよぎった。

だからこそ当時のウクライナ政府は、米国とロシアから自国の安全保障を確実なものとする「安全の保証」を獲得した上で、いまだ信用しかねるモスクワを抑止しながら、西側の経済協力で独立後の荒波を乗り切っていく考えだった。

だがクリントン政権は発足当初、核放棄を優先するブッシュ（父）前政権の路線を引き継いだ。

「米国ではどの政権移行期もそうだが、外交分野では新大統領が政策の見直しを行う一方、前政権の政策を踏襲する慣性がある程度働く」

パイファーがこう語るように、クリントン政権でも初期においては「慣性の法則」が作動したのだ。現にクリントン政権は発足直後、ソ連が残した長距離戦略核のロシアへの移送を一向に進めず、NPT加盟にも動かないウクライナへの圧力を強める動きに出た。

孤立状態

クリントン大統領は就任二カ月後の一九九三年三月二五日、ウクライナ外相アナトリイ・ズレンコとの会談後「START1の批准が、米国との長期的関係を構築する前提条件だ」と記者団に言明し、ウクライナに迅速な非核化を迫った。またこの直後には、ウクライナが非核化に着実な目途を付けない限り、「貴国首相が訪米しても大統領は面会できない」とのシグナルが送られた。

平仄《ひょうそく》を合わせるようにモスクワも同じ頃、キーウへの圧力を倍加する。「正直に申し上げる。ウクライナがSTART1批准とNPT加盟をずるずる引き延ばしているのは憂慮すべきことだ」。ロシア大統領エリツィンは同年四月三〇日付で、ウクライナ大統領クラフチュクに書簡を送付。ロシアはウクライナに核兵器の所有権はなく、ロシアこそが唯一の核運用の当事者だと力説した。

ウクライナ外務次官として当時、対米・対露交渉の矢面に立ったタラシュクも往時をこう述懐する。

「ワシントンとモスクワの両方から圧力がかかり、ウクライナはこの時、孤立状態に近かった。彼らは一様に『ウクライナはなるべく速やかに核兵器を放棄しろ』と要求していたのだから」

盟友選び

しかし大きな潮目の変化が一九九三年五月に訪れる。

クリントン政権が従来の政策を見直し、ウクライナの早期非核化を追求しながらも安全保障や経済・エネルギー支援などより広範な分野で協力を深化させ、包括的な二国間関係の構築を目指す路線へと軌道修正したからだ。

言うなれば、ロシアへの核移送の即時実施を最優先してきた圧力重視の「北風」から、キーウに対してより包摂的なアプローチを取る「太陽」政策への転換だった。

ウクライナもモスクワではなくワシントンを味方に付けながら「安全の保証」や経済・エネルギー支援を引き出す戦術を探った。タラシュクは「我々が置かれた状況から抜け出す道は、モスクワかワシントンのいずれかを盟友にすることだった。それがロシアだと思う者は誰もおらず、米国を盟友にすることを考えた」と証言する。

そうした中、ウクライナ外務省は六月三日、米露に英仏中を加えた核保有五大国と締結する条約案をまとめる。そこには「安全の保証」を担保する具体策が重層的に埋め込まれていた。米研究機関ウィルソンセンターが所蔵する条約案の文書には、次のような言葉が並ぶ。

国連安全保障理事会常任理事国（五大国）は、ウクライナの領土や独立を脅かす武力の威嚇や行使をしない。核保有国がこれに違反した場合、常任理事国は共同で、違反行為を即座に止めるための必要な措置を取る――。

同時にこの条約案は、核放棄したウクライナを核攻撃しないとする「消極的安全保障（NSA）」（巻末の用語集を参照）の原則も明記した。

このタイミングで条約案が策定されたのにはわけがあった。まずウクライナ最高会議が法的拘束力のある「安全の保証」を求めていたこと。そして、近く予定されていたクリントン

早川書房の新刊案内　2024 8

〒101-0046 東京都千代田区神田多町2-2　電話03-3252-3111
https://www.hayakawa-online.co.jp　● 表示の価格は税込価格です。
(eb) と表記のある作品は電子書籍版も発売。Kindle/楽天 kobo/Reader™ Store ほかにて配信
＊発売日は地域によって変わる場合があります。　＊価格は変更になる場合があります。

レム、イーガンに匹敵する、
ベストSF2022第1位作家の初長篇！

一億年のテレスコープ

春暮康一

望《のぞむ》は高校天文部の友人の新《あらた》、大学の研究者仲間の縁《ゆかり》と、太陽系規模の電波望遠鏡による掃天観測計画を夢想する。それは、後に人類が銀河文明の繁栄に貢献する道へと繋がる第一歩だった。ファーストコンタクトSFの世界水準を軽やかに更新する傑作宇宙探査SF!

四六判並製　定価2420円［21日発売］　(eb8月)

早川書房の最新刊

●表示の価格は税込価格です。
＊価格は変更になる場合があります。
＊発売日は地域によって変わる場合があります。

8
2024

スティーブン・ピンカー絶賛！
ホモ・サピエンスを進化させた「先見性」の秘密とは

「未来」を発明したサル
――記憶と予測の人類史

トーマス・スーデンドルフ、ジョナサン・レッドショウ、アダム・ブリー／波多野理彩子訳

eb8月

太古の昔、サルとヒトとを分けた最大のファクター――それは未来を予測する「先見性」だ。先史時代の遺跡の研究からカラスやイルカの知性との比較まで、豊富な事例と丹念な実証で人類を地球の覇者へと導いた力の秘密を解き明かす、傑作ポピュラー・サイエンス

四六判上製　定価2860円［絶賛発売中］

絶望するな、世界は希望に満ちている。
移住が地域とあなたを変える！

ニューノマド
――新時代の生き方

フェリクス・マークォート／江口泰子訳

eb8月

パリの上流階級を抜け出し、コロンビアで活躍するジャーナリスト。日本の「女らしさ」に抗い、アフリカで起業家を支援する女性……。移住者を起点に新たな文化やビジネスが花開いている現象「ニューノマド」とはいかなるものか。移住が拓く新たな可能性を問う。

四六判並製　定価2860円［21日発売］

「完璧な都市」で傷を抱えて生きる人々の物語。
フランスの「高校生が選ぶルノードー賞」受賞作

透明都市

リリア・アセンヌ／齋藤可津子訳

eb8月

2029年、パリで「新革命」が起きた。暴力の可視化と予防のため、あらゆる建物をガラス張りに改装し市民が監視し合う都市計画が締結されたのだ。――20年後、犯罪が激減したパリで裕福な一家3人が忽然と消えた。理想都市で起きた奇怪な事件の裏に潜む真実とは

四六判並製　定価2420円［21日発売］

台湾とベルリンを舞台に、時代と共に移り行く
家族の形とセクシュアリティを見つめる物語

台湾文学コレクション3
二階のいい人

陳 思宏／白水紀子訳・呉 佩珍、白水紀子、山口 守編

ベルリンの弟の家にやってきた台湾の高校教師。不慣れな外国に戸惑う日々の合間、彼女は美容院を営んだ亡母の顧客名簿をめくり、古い記憶をたどる。貧しい一家は母の裏の商売のおかげで生き延びたのだが――。疎外感を抱き生きてきた女性が出会うひと夏の物語

四六判並製　定価3410円［絶賛発売中］

〈ニューヨーク・タイムズ〉が選ぶ
2023ベストSF&ファンタジー

血で記された古代の魔法本を代々守護してきた家に生まれた異母姉妹のエスターとジョア

政権の重要人物によるキーウ訪問だった。

COLUMN 17

核が強いる凄惨な消耗戦

「長い戦争に備えることが賢明だ。歴史上初めて核保有国が帝国主義的な侵略戦争を欧州で繰り広げている。見取り図などない」。ウクライナ侵攻から一年になる二〇二三年二月中旬、ドイツ首相のオラフ・ショルツが古都ミュンヘンで開かれた国際会議で発言した。

欧米を中心に各国の閣僚や専門家らが参加したこの会議に筆者もオブザーバー資格で出席した。

「長い戦争」。ショルツのみならず大半の会議参加者が、この悲観的な見通しを共有せざるを得ない場だった。取材では次のような言葉も耳にした。

「ロシアは、最低あと一年は戦い続けるつもりだ」（北欧の国防相）。「プーチン大統領は戦争をやめたくない。（併合を宣言した）四つの州全てを支配下に置くまでは」（米国のロシア専門家）。

ロシアがイランや北朝鮮からも武器を調達する一方、西側はロシア領を攻撃できる長い射程の兵器支援を慎重かつ段階的に進め、互いにおびただしい犠牲者を出しながら凄惨な消耗戦が続く。そしてエネルギー需給の長期的逼迫《ひっぱく》や食糧危機のリスクが全世界に色濃い影を落とす。

何より忘れてはならないのが、本著執筆時に侵攻から二年を過ぎたこの長い戦争を可能にしている要因が核兵器にある点だ。プーチンが核の威嚇を続ける限り、ロシアとの直接交戦を恐れる西側の軍事支援が限定的にならざるを得ないのが現実だ。

使わずとも無数の人命を日々奪い続ける悪魔の兵器。その所業こそが、人類が「核なき世界」に向かわなくてはならない理由である。

合意瓦解、危険水域に

一九九三年六月六日、米露双方から旧ソ連の残した核兵器の完全放棄を求められ、孤立感を深めていたウクライナの首都キーウに米政府要人が降り立った。クリントン大統領が厚い信頼を寄せる国防長官のレス・アスピンだ。

ウクライナ最高会議（議会）には依然、ロシアへ核を即時移送せず手元に残すべきだとの意見がくすぶり、首相レオニード・クチマ（後の第二代ウクライナ大統領）ですら米露に次ぐ「第三の核大国」論を公言するありさまだった。そのため前項でも指摘したように、ウクライナ外務省は、核放棄の見返りに議会側が強く求める「安全の保証」の条約案を策定した。

ワシントンの喝采

そんな中「核放棄を迫る圧力一辺倒では逆効果」と判断したクリントン政権は、「北風」から包摂的で柔軟な「太陽」政策へと路線転換しており、この動きを受けてキーウ入りしたアスピンはウクライナ首脳らとの会談で、戦略核を一時的に国際管理する新提案を行い、両国の軍事関係強化へ向けた作業委員会設置で合意した。

その三カ月後の九月三日、ウクライナ大統領クラフチュクはクリミア半島ヤルタ郊外のマサンドラ宮殿にロシア大統領エリツィンを迎えて会談する。両首脳は、①ウクライナに残る一〇〇〇発以上の戦略核を全てロシアへ移送し廃棄する②解体した核弾頭から出る濃縮ウランを原発燃料にしてウクライナに供与する――ことで一致、これでウクライナに残された核問題が一件落着したかに見えた。

しかも、かねて揉めていた旧ソ連黒海艦隊の分割問題でもウクライナ所有の艦船の半分をロシアに売却し、ロシアが黒海艦隊を全面保有する方向でも原則合意する。クリントン政権は自分たちの政策転換後、瞬く間に得られた成果に喝采を送った。

「ワシントンの当初の反応はこうだった。『素晴らしい！　これで問題が解決した』」。マサンドラでの会談直前に英国の米大使館から国務省に戻り、担当官となったパイファーが述懐する。

ロシアの常套手段

だが、わずか数日後のことだ。画期を成すとみられたマサンドラでの核廃棄合意は無残にも、瓦解の谷底へと向かう。

「クラフチュク大統領がキーウへ戻ると、国内で多くの非難にさらされた。ウクライナにとっての成果が不十分だ、と。その上、モスクワとキーウの間で責任のなすり付け合いが始まる。マサンドラの会談から一週間ほどで合意は砕け散ってしまったのだ」

パイファーはこう証言を続けた。確かに、ウクライナ国内で巻き起こった非難の嵐は激しかった。

「ロシアはこの頃、米国との協力関係を深めており、クラフチュクらに圧力をかけてマサンドラの合意をウクライナに結ばせた。私は『我々の敵は帝国主義的な野心を持つロシアである』と主張していたのだけれど……」。対露交渉を一時担当したコステンコが回顧した。

ソ連が残した核の所有権は元来ウクライナにある――。こう力説するウクライナ政界きっての論客でもあるコステンコは、ロシアがウクライナへの天然ガスの供給をカットする経済的威圧も使いながら、マサンドラの合意をキーウに強いたと力説、そんなモスクワの圧力に屈したクラフチュクを厳しく批判した。

「確かにガスや原油の供給を経済的テコとしながら、圧力をかけてくるのはロシアの常套手段だ」。ウクライナ外務次官として交渉の最前線にいたタラシュクもこう振り返った。

結局、一九九三年初秋にまとまったマサンドラの核合意は幻に終わった。これに焦燥感を強めたのは、対ウクライナ政策の転換にもかかわらず、キーウの核放棄に向けた道筋を地平に見ることができないクリントン政権だった。

「この時からだった。米国がより強い関心を抱いて能動的に米露、ウクライナの三カ国プロセスを推し進め始めたのは」

米側担当官だったパイファーはこう明かし、言葉を継いだ。

「マサンドラ会談の数週間前にも三カ国の会合はあったが、情報交換の域を出なかった。しかしマサンドラの合意が崩壊した後、ワシントンはこんな認識を持つに至った。米国がもっと直接関与しなければ全てが水泡に帰す恐れがある——と。問題なのは、START1だけではなかった」

既述の通り、START1は一九九一年、当時のブッシュ（父）政権が消滅直前のソ連と結んだ核軍縮条約だ。二大核大国が戦略核削減で初めて合意した金字塔だが、ソ連の核弾頭が物理的に残るウクライナの議会が批准しないため発効させることができず、宙ぶらりんの状態にあった。そんな閉塞状態をいつまでも打開できない実情は、ワシントンの目に危険水域と映った。

「ロシアとウクライナの当事者だけでは、どうやら合意を結ぶことができないようだ……」。

こう危機感を募らせたパイファーら米側担当者は以降、ロシアとウクライナの調停役となり、三カ国での総意形成に向けて動き出す。

COLUMN 18

勢力均衡で核保有論も

ウクライナがソ連の残した核兵器をそのまま保有した方が対露戦略上、効果的で国際政治の安定にも資することになる――。

米国の元駐ウクライナ大使のパイファーによると、一九九〇年代前半にこんな論調が湧き起こり、ブッシュ（父）政権の国防長官ディック・チェイニーがこれに同調していたという。

ロシアへの疑念が依然根強い中、ウクライナが核保有国となることで核大国のロシアを抑止し、戦略的な安定を図る勢力均衡論に根差した考え方だ。国際政治学の大御所、ジョン・ミアシャイマーも米外交専門誌で同様の論陣を張った。

これに対し、核保有国を米ソ（後にロシア）英仏中の五カ国に限定したNPTの信奉者は「ウクライナは全面核放棄すべきだ」と強く反対した。

ブッシュ政権の国務長官ベーカーがその代表格で、ソ連消滅で核保有国が複数誕生する「核のユーゴスラビア化」だけは阻止しようとした。

その後一九九三年に登場したクリントン政権内ではウクライナの核保有を支持する声

は皆無だった、とパイファーは語る。その背景にはＮＰＴがあった。

一九七〇年発効のＮＰＴは当初の期限が二五年間で、一九九五年に無期限延長（巻末の用語集を参照）の是非を決めることになっていた。仮にウクライナが核保有すればＮＰＴの機能不全が叫ばれ、延長自体が困難だったかもしれない。ＮＰＴを巡る主要国の思惑については第６章で詳述する。

動く首脳、三者合意へ

一九九三年秋、ウクライナに残る核弾頭のロシア移送で一致したクリミア・マサンドラでのロシアとウクライナの二国間合意の崩壊後、米国は自国も交えた三者合意へ向け積極的な調停外交に打って出た。しかも、精力的に動いたのはクリントン政権の中枢だった。

「一九九三年一二月、ゴア米副大統領がチェルノムイルジン・ロシア首相との会合のためモスクワを訪れた時のことだ」。三〇年余り前の水面下の交渉をこう振り返るのは、米国務省の担当官だったパイファー。この章の重要な証言者だ。

ナンバー2の即断

ゴアは一二月一四日、米露間の経済・科学技術協力を推進するためロシアを訪れた。議会経験が長く、外交にも通じるゴアはクリントン政権のキーマンだった。

「(ゴアとチェルノムイルジンは) ウクライナに残る核兵器の問題も議論したが、それぞれがウクライナ側から聞いている情報に、どうやら食い違いのあることに気付いた」と語るパイファーはオンライン取材にこう続けた。

「そこでゴア氏らは即決した。ストローブ・タルボット担当大使とビル・ペリー国防副長官がちょうど一緒に訪露している最中なので、ロシアのマメドフ外務次官と共に明日キーウへ向かわせよう、と」

米露ナンバー2の即断で両国の高官がキーウ入りし、ウクライナを含む三者協議が突如開かれた。「私は同行しなかったが、参加した米側関係者は（問題解決の）ピースが全てそろっていると感じたようだ」とパイファー。以降、三カ国の交渉が加速する。

この動きとは別に、ワシントンのホワイトハウスでは一九九四年一月中旬にクリントン自らがロシアを訪れる日程が練られていた。パイファーらはこれに着目し、核問題解決への照準を定める。

頂上外交の絵図

「米大統領のモスクワ訪問をにらみ、こんなアイデアが持ち上がった。全てのピースをつなぎ合わせて（三カ国で）合意文書を作れないか……。ウクライナのクラフチュク大統領も訪露して合意を祝福することに異論はないだろう、と」

クリントンが赴くモスクワにクラフチュクを呼び寄せ、ロシア大統領エリツィンとの三カ国首脳会談を開き、トップ判断で核問題を一気に決着させる――。パイファーらはこんな頂上外交の絵図を描き、準備を急いだ。

「一九九三年の年末、ロシアとウクライナに対し実務者をワシントンへ送るよう要請した。米側が起草した二つの文書案を（年明けに）話し合うために」

こう言葉を継ぐパイファーによると、一つ目の合意文書案は米露ウクライナ三カ国首脳の声明。①ウクライナはできるだけ早期の核放棄を確約する②米国は核廃棄を財政・技術支援する③ウクライナのNPT加盟を受けて同国の安全保障を米露英が約束する――が骨子だ。

もう一つは声明の実施要領を定めた付属文書だが、二つ問題があった。まず、ウクライナが「一九九六年六月一日までの戦略核弾頭のロシア移送完了」という文言の公表を拒んだことだった。核兵器の拙速な放棄に慎重なウクライナの国内世論に忖度《そんたく》したからだ。

片やロシアは、ウクライナが求める「見返り」つまりロシアへ既に移送した戦術核に対する補償措置の公表に難色を示した。モスクワはキーウに対するエネルギー債務の一部免除で補償要求に応じる気だったが、これを公言した途端、他の旧ソ連諸国からも同じ要求が噴出する恐れがあったためだ。

強固な意志

結局、核移送の完了時期と補償内容は付属文書でなく「秘密交換書簡」とすることで折り合った。こうして一九九四年一月一三、一四両日のクリントン訪露に合わせた三カ国首脳会談のお膳立てが着々と整えられていった。

しかし、またしても新たな波乱要因が浮上する。土壇場でウクライナが合意内容の修正を試みたのだ。

「クリントン大統領のモスクワ訪問の数日前、私はある重要な仕事のため先に現地入りした」

パイファーが言う「重要な仕事」とは合意文書の英語、ロシア語、ウクライナ語の訳に齟齬《そご》がないよう調整する詰めの作業だ。だがこの最終局面で、ウクライナは英語で合意済みの内容を蒸し返そうとする。

米側責任者のパイファーは「修文は不可能」と主張して何とかその場を乗り切るが、ウクライナは同じ頃クラフチュク大統領自らが、モスクワ訪問の途上でキーウに数時間立ち寄ったクリントンに直談判を仕掛けようとしていた。パイファーが明かす。

「クリントン氏はクラフチュク氏に迷いがあることを感じ取り、通訳だけの一対一の場を設けてこう伝えた。もし、この合意が決裂したら長期間の停滞を招く。それは大問題である、と」

トップレベルで最後まで続いた水面下の攻防。パイファーの恐れた破綻は晴れて回避され、クリントン、クラフチュク、エリツィンは一月一四日、モスクワでの三カ国声明（巻末の用語集を参照）と付属文書の署名にこぎ着けた。

ただ、英語とウクライナ語の訳に微妙なズレが残った。英語の「安全の保障」が、ウクライナ語では「安全の保証」と訳されたのだ。それは、核を諦めた暁に、あくまで法的拘束力のある「保証」措置にこだわるキーウの強固な意志の表れだった。

COLUMN 19

「保証」か「保障」か

「安全の保証」か「安全の保障」か。たった一文字の違いだが、外交交渉を長年取材していると、顕著な差があることに気付く。

両方とも国家の主権や独立、領土を尊重し、その国の安全を約束する概念だ。だが「安全の保証」の英語訳は「セキュリティー・ギャランティー」。約束した側がより能動的に対象国の安全を担保する含意がある。

日米同盟やNATOなど、集団的自衛権の下、有事に加盟国を積極的に防衛するメカニズムは「安全の保証」を体現した措置といえる。これに対し「安全の保障」は一般的に「セキュリティー・アシュアランス」と表現される。

例えば、核保有国がNPT加盟の非核保有国に「核兵器の使用や使用の威嚇をしない」と表明することは「消極的安全保障」と呼ばれる。これは危害を「加えない」というニュアンスで、危害があった時に積極的に「行動する」か否かは、約束した側の裁量に委ねられる。

第四五代米大統領のドナルド・トランプが北朝鮮トップとの交渉で「保証」の言葉を

使った際、日本政府内からは異論が出たこともある。

冷戦終結を受け、数量にして米露に次ぐ「世界第三位の核保有国」になったウクライナ。核兵器を手放すに当たり、キーウが求めたのは「安全の保障」ではなく、より確かな「安全の保証」だった。

NPT、非核化の動因に

一九九四年一月一四日、米国のクリントン、ロシアのエリツィン、ウクライナのクラフチュクの三大統領はモスクワで首脳会談を行い、三カ国声明に署名した。これを受けウクライナは領内に残る約一九〇〇発の核弾頭を九六年六月一日までにロシアへ完全移送し、非核保有国としてNPTに加盟する方針が確定した。

一九九五年春には国際核秩序の「礎石」であるNPTが発効から二五年を迎え、加盟国の集まる会議で条約を無期限延長するか否かを決めることになっていた。NPTはキューバ危機を経験した米ソが六〇年代後半「核クラブ」の拡大を阻止しようと成立させた条約だ。インドの核実験（七四年）やイスラエルの核開発（六〇～七〇年代）があったものの、九〇年代前半までは曲がりなりにも所期の目的を辛うじて達成していた。そのため九四～九五年は、広島と長崎への原爆投下で始まった「人類と核の歴史」を左右する上で極めて重要なタイミングだった。

ワシントンの念頭

「ソ連を継承する核保有国は一カ国だけにしておきたかった。我々はSTART1を発効させたかったし、NPTのことも考え始めていた」。当時の米国務省担当官パイファーが証言する。

一九九〇年末に駐ウクライナ大使も務めるパイファーが言うように、当時の米国の基本戦略は、核保有国としてのソ連の継承国をロシア一カ国のみに限定し、冷戦後の核軍縮をSTART1の履行を通じて促進することだった。さらに、ワシントンの念頭にあったのはNPTの存在だ。

「ウクライナ、ベラルーシ、カザフスタンが核武装していれば、NPT延長の方向で加盟国を説得するのは非常に困難だっただろう。『ここ数年間に核兵器の拡散が進んでおり、NPTは破綻している』と言われる羽目になって……」

パイファーがこう明かすように、仮にウクライナなどに核が残る事態となれば、米露英仏中の五カ国だけに核保有を認めることで核拡散阻止を図ろうとしたNPT体制は「機能不全」が叫ばれかねない。そうなると、米国が強く求める条約の無期限延長はより不透明となる恐れがあった。

そのため、米国はNPT延長問題が本格化する前にウクライナの核問題を是が非でも片付ける必要があり、それがキーウに非核化を迫る動因となっていたのだ。

進まぬ批准

一九九四年一月の三カ国声明はそんな非核化に道筋を付けたはずだったが、ウクライナが実際に核兵器を放棄してNPTに加盟する手続きは遅々として進まなかった。ウクライナ最高会議（議会）が抵抗を続けたからだ。

米国とソ連が調印したSTART1については前年の一九九三年一一月、最高会議が批准を認めたが、ウクライナの安全保障が国際的に保証されるまで非核国家にはならない、とした条件付きだった。米国にしてみれば、この条件設定は頭痛の種だった。

「三カ国声明と付属文書には、最高会議の決議事項を満たすための規定が盛り込まれました。具体的には以下のことが含まれます。START1発効とNPT加盟の後、ウクライナは国家安全保障を保証される」

ウクライナ大統領クラフチュクは三カ国声明発表から一〇日後、こう記した書簡を最高会議議長に送った。その主眼は、START1批准承認時に議会が条件付けた「安全の保証」は三カ国声明で担保されたので批准を完全支持し、NPT加盟も即刻認めてほしい、とのメッセージだった。

未知数の人物

それでもウクライナ最高会議は、米国と国際社会が切に求めるNPT加盟に動かなかった。そのうち一九九四年七月の大統領選でクラフチュクは再選に失敗、代わって登場したのが、クラフチュクの下で首相を一時務め、加盟に、より慎重姿勢を示すレオニード・クチマだった。

東部ドニプロでミサイル製造に携わった元技師で、軍産複合体の支持を得たクチマは選挙戦中、西側支援の拡大をNPT加盟の条件とするとの持論を展開し、即時加盟を唱えるクラフチュクとは一線を画した。

そんな新大統領のクチマは、ワシントンの目からすると「未知数の人物」（パイファー）だった。

ウクライナの政権交代に伴い不透明感が増す中、クチマ新政権の説得に動いたのは、またしても米政権ナンバー2の副大統領ゴアだった。

ポーランドを訪れていたゴアはクチマ当選から三週間後の八月二日、ワシントンに戻る途上、キーウを訪れてクチマと会談。ウクライナへの支援継続を確認した上で、新たに七億ドル（約一千億円超）の援助を行うと伝達した。

さらにゴアは、一一月下旬のワシントン公式訪問をクチマに促すと同時に、重要な〝宿題〟を課した。ゴア・クチマ会談の内容を知るパイファーが次のように明かす。

「副大統領はこう告げた。貴殿がウクライナ最高会議にNPT批准を認めさせることができれば、一二月にハンガリー・ブダペストである欧米諸国の首脳会議で我々米側は（ウクライナが望むことの）全てを可能にする、と」

ウクライナが望むこと。その筆頭にあったのが、米欧からのより確かな「安全の保証」だった。こうして次なる外交の舞台は古都ブダペストへと移る。

COLUMN 20

日本も非核化最優先、頭脳流出の懸念も

「『明確にイエスかノーの返事を受けたい。その上で国家承認を判断する』とストレートにぶつけた。クラフチュク大統領らに会ったが『核兵器は破棄します。米国、英国にも誓約済みです。信じてほしい』と……」

ウクライナ独立の民意が示された国民投票直後の一九九一年一二月中旬、日本の政府特使としてキーウを訪れた元外交官の新井弘一(一九二九年生まれ、二〇二四年一月死去)が二三年五月の電話取材にこう語った。ソ連消滅に伴うウクライナ独立の過程で、被爆国の日本が何より重視したのはキーウが核兵器を全面放棄することだった。

「(ウクライナからは)肯定的かつ真摯な回答を得た。私は『総理大臣に報告する』と申し上げ(帰国後、首相に)報告した。国家承認の手続きをしましょう、と」

新井のキーウ訪問の直前、ウクライナ側からはこんなメッセージが日本側に届いていたという。「敵性語の使用は避けたい」。敵性語とはロシア語のことで、新井は英語でウクライナ側と交渉したという。

その後、日本は先進七カ国(G7)の枠組みで旧ソ連諸国の非核化を支援していく。

当時は核爆弾や核物質の拡散に加え、旧ソ連の核科学者が核保有を目論《もくろ》む国に渡航し、ひそかに協力する「核の頭脳流出」が強く心配されていたためだ。

幻の条約化、「米軍投入は約束できず」

一九九四年一一月一六日、ウクライナ最高会議（議会）はNPT加盟を賛成三〇一、反対八、棄権二〇で決議した。万単位の数の核兵器で米国と鋭く対峙したソ連の崩壊からやがて三年。米露に次ぐ世界第三位の核保有国のNPT入りが、ここに確定した。

同様にソ連の核が残ったベラルーシとカザフスタンの立法府はこの前年にNPT加盟を決めており、「最後のピース」だったウクライナの加盟は世界が祝福すべき進展だった。

「また、くせ球を投げてきた」

しかし、思わぬ落とし穴がすぐさま露見する。

「最高会議がNPT加盟を承認したとの報を受け、我々は素晴らしいことだと喝采した。だが入手した決議文から、疑念を抱く文言が見つかったのだ」と往時を振り返る当時の米交渉官パイファー。

ウクライナ最高会議の動きに欣喜雀躍した米国だったが一転、疑念が鎌首をもたげることになった。理由は最高会議が展開した独自の論理だった。

「米国はウクライナが『非核保有国としてNPTに加盟する』と言明するのを望んでいた。ところが最高会議は決議文に『核兵器の一時的所有者』という趣旨の表現を盛り込んだ。我々はこれに当惑した」

パイファーが証言を続ける。最高会議はかねて、核放棄の暁には「ウクライナの安全保障が保証されるべきだ」と力説し続け、START1批准を前年に認めた際も同じ持論を貫いた。そして今度はNPT加盟でも、法的拘束力のある「安全の保証」が必要だと繰り返したのだった。

領内に依然として残る核の「所有権」にあえて言及することで「非核保有国としての加盟」に曖昧さを残し、米欧からさらなる譲歩を獲得しようとしたウクライナ議会。「また、くせ球を投げてきた」。パイファーは当時、苦虫をかみつぶしたような表情を浮かべた。

次なる手

ワシントンではこの「くせ球」に対処すべく、国務省の法律顧問を交えた協議が始まった。顧問はパイファーら交渉担当者にこんな見解を示す。「米露英はNPTの条約管理の責務を負う寄託《きたく》国だ。新規加盟国が提出する加入書に曖昧な点があれば、それをいかに解釈するかについては寄託国側に一定の裁量がある」

パイファーらはこの助言を受け、最高会議の決議文には曖昧さがあるものの、米露英の寄託国の立場を利用して「ウクライナは非核保有国としてNPTに加盟する」と有権的に解釈する方針を決め、これに英国も同意した。

だが今度は、ロシアが納得しない。ウクライナ最高会議が非核保有国としての加盟に一〇〇パーセント明白な態度を示さない限り、中途半端な決着は禍根を残すと懸念したためだ。背景にはウクライナへの不信感があった。

そこで米国は次なる手を打つ。

「最高会議の曖昧な態度がロシアにとって問題であるのなら、ウクライナ大統領府に（公式の）解釈を示してもらえばいい。我々はそう考えた」

こう語るパイファーらが考案したのは、来る一九九四年一二月に米欧の首脳が集うハンガリーの首都ブダペストで、ウクライナ大統領クチマが「最高会議が意図したところは非核保有国としてのNPT加盟である」と外交文書で表明するシナリオだ。そうすることで一切の曖昧さを取り除き、ロシアの懸念を解消しようとした。

結局「保証」の文字なし

ブダペストでの首脳会議に先立つ一九九四年一一月二二日、クチマはワシントンで米大統領クリントンと会談、核放棄するウクライナに米露英が「安全の保証」を与えるよう強く促した。

核保有国である米露英は核兵器を諦めたウクライナを将来攻撃せず、経済的にも威圧せず、違反行為があれば必要な善後策を直ちに講じる——。こんな「安全の保証」を巡り、ウクライナは徹頭徹尾、条約化を求めた。合意に法的拘束力を持たせることこそが実効性を担保する確かな術だと信じて疑わなかったからだ。

「我々は最初から法的拘束力のある文書を求め、モスクワとワシントンに圧力をかけた」。当時ウクライナの外務次官だったタラシュクはこう証言し、一九九三年時点で独自の条約案まで作成した経緯を明かした。

「しかし米露の反対で合意は不可能だった。米側は『(条約化すれば) NATOとほぼ同等で、安全の保証になる。米議会がこれに同意する確証はない』と主張した」と回顧するタラシュク。

「安全の保証」は同盟・友好国への能動的な関与を意味する。NATOのように相互防衛条約があれば有事の米軍派遣も可能だが、そんな新たな負担を米国に強いる条約を冷戦後の米議会が認める見通しは極めて低かった。

パイファーも「上院で批准に必要な六七票が得られるかは不確実だった。ウクライナ側には『安全の保証という表現は使えない。貴国防衛のために米軍事力の投入を約束する用意ができていないからだ』と伝えていた」と語る。

こうしてウクライナが切望した条約化は幻に終わり、米露英とウクライナがブダペストで署名する英文の覚書には「安全の保証」ではなく「安全の保障」の文字が刻まれることになった。

COLUMN 21

米内政の分断、軍縮に色濃い影

2000年6月にキーウを訪れたクリントン米大統領と駐ウクライナ大使のパイファー。（左端、パイファー氏提供）

「本格的な党内戦争が起きている。こんな経験は初めてだ……」。二〇一〇年末にワシントンを訪れた際、旧知の上院共和党スタッフがこう語りながら、ため息をついた。

当時は民主党のオバマ政権時代。議会上院では、二〇〇九年にチェコ・プラハで「核なき世界」を提唱したオバマ肝煎りの新ＳＴＡＲＴの批准承認審議が大詰めを迎えていた。

与党民主党は批准支持だが、野党共和党は割れていた。オバマに理解を示す共和党穏健派は批准賛成だったが、「条約の課す新たな義務が米国の主権を制限する」と考える共和党強硬派は批准阻止の構えだった。

「(今後の核軍縮の)大きな障害は米国の内政だ。共和党は人気の高い大統領をたたきのめそうと、オバマを米国の安全保障を気にも留めない軟弱者として描こうとしている」。この時の出張取材で、民主党に近い核専門家はこう解説していた。今に通じる洞察だろう。

ソ連という「共通の敵」を前に団結できた冷戦期とは打って変わり、近年は米国の鋭い政治的分断が重要外交案件に暗い影を落とし続けている。そしてその分断構造が「トランプ現象」と相まってますます先鋭化し続ける。

覚書調印、最後のドラマ

一九九四年師走、夜のとばりが降りた厳寒のハンガリー・ブダペスト。一二月四日深夜から五日未明にかけ、米国とウクライナの水面下の最終交渉が人知れず繰り広げられた。焦点は、ソ連の残した核兵器を完全放棄するウクライナがNPT加盟を表明する際の外交文書の文言だった。

土壇場の交渉

「クチマ大統領が『ウクライナは非核保有国としてNPTに加盟する』と記した加盟文書を（米露英に）手渡す段取りになっていた。それはロシアにとっても受け入れ可能な内容だった。ところが最後の土壇場になってドラマが訪れた。ウクライナ側との合意形成が難航して……」

こう証言するのは当時、米交渉官としてブダペストの現場にいたパイファー。五日午前に米国のクリントン、ロシアのエリツィン、ウクライナのクチマの各大統領、英首相メージャーの四人が出席する署名式が既にセットされていた。四首脳はウクライナに安全保障を約束する「ブダペスト覚書」に署名、これに対しウクライナはNPT加盟の文書を提出することになっていた。

にもかかわらず、その半日前、交渉役のウクライナ外務省高官が「非核保有国としてのNPT加盟」を誓約する文書案を蒸し返そうとした。「彼は別の言葉を加えようとした。ウクライナ最高会議の用意した文章に近いものにしようとして」と証言するパイファー。

ウクライナ最高会議は前月の一一月にNPT批准を条件付きで承認した際、ウクライナが「一時的な核兵器の所有者」であるとの趣旨を加盟文書に盛り込むよう求めていた。一時的とはいえ「核の所有権」を主張することで米欧からさらなる支援を得るテコとするための戦術だったが、ロシアには受諾不可能な内容だった。

外交的勝利

この事態を受け、パイファーら米交渉団はロシアも入れた深夜の三者協議で事態打開を図ろうとする。だがロシア交渉団トップは米側にこう伝え、協議の場に出てこなかった。「私たちは徹夜せずに就寝する。あなた方は我々ロシアの要求事項を理解しているはずだ。ウクライナと交渉してきてほしい」

一二月四日から署名式のある五日へと既に日付が変わり、緊張は高まっていった。

「プレッシャーを感じたよ。一時間おきに大統領専用機エア・フォース・ワンから電話がかかり『交渉は首尾良くいったか』と聞かれるのだから……」

こう語るパイファーによると、クリントンは署名式を目当てにブダペストに足を運ぶことを決めていた。もともと現在の欧州安全保障協力機構（ＯＳＣＥ）の首脳会議がブダペストで予定されていたが、ウクライナ核問題の完全解決という「外交的勝利」をより重視してのトップ自らの現地入りだった。

クリントンが空路ブダペストに向かう中、米交渉団とウクライナ側の協議は五日午前二時半頃まで続いた。結果は米露の要求した通り、ウクライナが「非核保有国としてＮＰＴに加盟する」と表明する手はずが整う。クライマックスとして突如訪れた冷や汗物の外交劇の結末にパイファーは胸をなで下ろした。

ある種の妥協

こうして一二月五日午前一〇時、ブダペストに四首脳がそろい、笑顔で署名式が滞りなく行われた。これによりウクライナは非核保有国としてＮＰＴに加盟、米国が消滅寸前のソ連と調印した核軍縮条約ＳＴＡＲＴ１も発効が確定した。

同時にウクライナの独立と主権、領土を尊重し、核攻撃の対象としないなど同国の安全保障を約束するブダペスト覚書が交わされた。しかしそれは、ウクライナが終始求め続けた法的拘束力を持つ合意文書でも、議会の批准が必要な条約でもなかった。

当時のウクライナ外務次官のタラシュクは取材に「私は満足できなかった。ずっと法的拘束力を求めていたのだから」と無念さをにじませた。一方で彼は次のようにも述べた。

「我々はロシアから（天然ガスの供給制限など）経済的威圧を受けており、これを禁じる項目を入れるよう求めた。米露はこれに抵抗したが、最終的に明記された。また（覚書の違反行為が起きた際の）協議枠組みも設けられた。覚書は我々の望む一〇〇パーセントの結果ではなく、ある種の妥協だった」

確かにブダペスト覚書には「約束事に関して疑義が生じた場合、ウクライナとロシア、英米は協議する」との文言が刻まれたが、合意違反への具体的な対抗措置までは規定されなかった。

ウクライナ側の不満に対し、パイファーは次のように反論する。

「ブダペスト覚書は米大統領が署名した政治的拘束力のある文書である。米国はこの手の合意を無数に結んでおり、拘束力がある文書だと考えている。条約との間に言われるほどの差はない」

条約ではなくとも、大統領が署名した文書には十分な重みがあり、米政府はその履行に厳格な責務を負う。そして違反行為があれば、米国は責任をもって対処する――。「政治的拘束力」の含意をこう説くパイファーは、米国がウクライナに当時「ロシアが合意に背くようなことがあれば、貴国に武器を提供しロシアを制裁する」と伝えていたと明かす。

だがブダペスト覚書の調印から二〇年後、ロシアが重大な違反をすることになるが、米国の対応は生ぬるかった。

COLUMN 22

反故《ほご》にされた約束

「ロシアのウクライナ侵攻の影響は重大だ。一九九四年に安全の保障をウクライナに与えたのに、こんな事態が起きてしまったのだから。核不拡散体制に与えた傷は深い」

二〇二三年五月の取材ノートに米政府高官のこんな言葉が記されている。

この高官は、米露英がウクライナと交わしたブダペスト覚書が反故にされた代償はあまりに重いと強調し、ウクライナの惨劇を注視する北朝鮮のような国、つまりNPTに背いて核保有した国は将来、核を手放すことに従来以上に躊躇《ちゅうちょ》せざるを得ないと言葉を続けた。

一九九四年当時、ウクライナ外務次官だったタラシュクは、覚書を「ある種の妥協」と表現した。そして違反発生時の協議メカニズムは創設されたものの、それは「覚書の履行を担保する疑似的なメカニズム」に過ぎなかったと補足し、違反行為を抑止する厳格な履行措置が規定されなかったことにこそ大きな問題があったと示唆した。

これに対し米交渉官だったパイファーはロシアが覚書に違反すれば、バイデン政権が二〇二二年のウクライナ侵攻後にそうしたように、ロシアに過酷な制裁を科し、ウクライナに武器供与する用意が当時のクリントン政権にはあったと証言した。

覚書署名から二〇年後の二〇一四年、ロシアはウクライナ領クリミアを併合した。しかし、米国は必要な軍事支援に動かなかった。その背景と代償を次章で検証する。

第5章
侵略の代償

プロローグ

二〇二四年三月一五日に投票が始まるロシア大統領選投票日の二日前、通算五選を狙うプーチンのインタビューが国営テレビで放映された。侵略戦争を続ける独裁者のシグナルは明快だった。

ロシアという国家の存続が危機にさらされれば、核兵器使用だって辞さない。北大西洋条約機構（ＮＡＴＯ）はこれ以上、戦争に手出しをするな――。

インタビューで「兵器は使うためにある」と言明したプーチン。ロシアと同盟国が核や大量破壊兵器で攻撃された場合、あるいは国家の存立が脅かされる事態となれば核使用の可能性もあるとした自国の軍事ドクトリンに触れながら、「主権と独立の維持のためにあらゆる兵器を使う」と言い放った。

二〇二二年二月二四日のウクライナ侵攻以来、一体、何度同じような光景を見てきただろうか。

まず、開戦時の演説でプーチンは「ロシアは世界で最も強力な核保有国の一つだ。我が国を攻撃すれば（その国は報復を受けて）壊滅し、悲惨な結果になるに間違いない」と口火を切った。続けて、その三日後には国防相ショイグらを前に「ＮＡＴＯ側から攻撃的な発言が行われている」と延べ、核抑止力を担う戦略部隊に警戒態勢を高めるよう命じた。これは核使用の準備レベルを少なくとも一段階上げるというメッセージだった。

同年七月に入ると、プーチンに代わって一時大統領を務めたこともある安全保障会議副議長のメドベージェフが、クリミアが攻撃されれば「終末の日を迎える」と警告を発し、核恫喝のメッセージを増幅させた。

そして同年九月三〇日にドネツク、ルハンシク、ザポリージャ、ヘルソンのウクライナ東部・南部四州の併合を宣言した際、プーチンは「米国は核兵器を二度にわたって使った唯一の国だ。日本の広島と長崎を破壊した」と述べ、核使用には前例がある史実を国際世論に鮮烈に想起させた。その上で「我々は自らの土地を、あらゆる手段で守るだろう。国民の命を守るためにあらゆることをする」と続け、これら四州にロシアの「核の傘」を差しかけることを強く示唆した。

この後も絶え間なくプーチン、メドベージェフらクレムリン中枢は「核のサーベル」をチャカチャカと鳴らし続けた。

これまで繰り返し指摘してきたが、この侵略戦争の本質は「核の威嚇を背景にした長期消耗戦」である。ロシアの核使用の可能性が最も高かったのは二〇二二年秋のウクライナ東部ハルキウ州からのロシア軍撤退の時期とみられる。ただ、プーチンがどこまで本気で「核のボタン」に指をかけることを熟慮していたのか、その内実は恐らく本人にしか知り得ないだろう。

それでも一つ確実に言えることは、プーチンが次々に繰り出す核威嚇のシグナルがバイデン米大統領はじめ西側指導者に大いなる躊躇の念を生じさせ、ロシア領を攻撃できる長射程ミサイルなどの兵器供与が小出しの逐次投入になったという事実である。そうした意味において、残念ながらプーチンの核の脅しは効いている。

加えて、より深刻視すべきは、核恫喝を性懲りもなく続ける独善的な為政者が侵略している相手は、ソ連の残した大量の核兵器を全て放棄して核拡散防止条約（ＮＰＴ）に加盟した非核保有国であるという紛れもない事実だ。三〇年前に核を諦め真面目に核不拡散の規範を守ってきたウクライナが、ＮＰＴ下で核保有を許された国の攻撃対象となり、無辜の民が今もなお傷ついている。そんな凄惨かつ荒涼たる現実の重大さは、いくら強調しても強調しすぎることはない。

ここからは、ウクライナ出身の歴史家へのインタビューも紹介しながら、侵略の代償を考えていく。

臆病すぎた盟主アメリカ

「ロシア、神聖なる我らの強国」――。二〇一四年三月一六日深夜、ウクライナ南部クリミアの中心都市シンフェロポリの広場にロシア国歌がこだました。大合唱の主は数千人のロシア系住民。当時のクリミアで人口の約六割を占めた多数派だ。

ウクライナの首都キーウでは前月、野党側デモ隊と治安部隊の衝突で八〇人以上が死亡し、親露派政権が崩壊する政変が起きていた。これに驚愕したロシアが特殊作戦部隊をクリミアに投入し、「ロシア編入」の是非を問う住民投票がクリミアで行われると、賛成票は九割を超えた。そして三月一八日、プーチンの宣言後、クリミア併合は強行された。

過去の失敗

ロシアによるウクライナの主権と領土の侵害は、クリミア併合で終わらなかった。プーチンは東部ドンバス地域でも親露派勢力を支援し実効支配を強化、その究極の仕上げが二〇二二年二月に始まるウクライナ侵攻だった。

「（二〇一四年の）クリミアとドンバスでの事件後、オバマ政権はいささか臆病すぎたと思う」。こう語るのは、一九九〇年代末に米国の駐ウクライナ大使を務めたパイファー。前述の通り、ソ連の残した核を完全放棄するウクライナに対し、米露英が安全保障を約束する九四年の「ブダペスト覚書」をまとめた往時の交渉官でもある。

「ロシアのクリミア占領は醜悪な違反行為だ。ロシアはブダペスト覚書でウクライナの主権と領土保全を尊重し、武力行使しないと約束した。にもかかわらず、全て破棄してしまったのだから」

こう語を継ぐパイファーによると、覚書の交渉中、ウクライナは米側に「ロシアが約束を破ったら、どうするのか」と尋ねてきた。その時のパイファーの返答は「貴国を助けるために米兵を送ることはない。だが米国の利益に関わる問題であり、米国は対応する」。

パイファーがさらに続ける。「ただ具体的にどう対応するのか、我々はウクライナ側と詰めなかった。この点はワシントンとキーウ双方の失敗で、米国もウクライナも二〇一四年と二二年に起きることなど当時は予想だにしていなかった。あの頃は、ウクライナ独立を原則受け入れたボリス・エリツィンが交渉相手だったのだから」

手ぬるい対応

ブダペスト覚書に署名したのは初代ロシア大統領のエリツィン。市場経済と民主化を志向する指導者と目され、米国は一定の信頼を置いていた。

しかし二〇〇〇年五月、プーチンが第二代大統領に就任すると、米露協調の歯車が徐々に狂い始める。

プーチンは二〇〇三年に米国が主導したイラク戦争に猛反発し、当時のブッシュ（子）政権が本格配備に乗りだしたミサイル防衛（ＭＤ）網を目の敵にした。さらに首相に退いていた〇八年八月にはジョージアと軍事衝突、そして大統領復帰後の一四年春にはクリミア併合へと至る。

武力で現状をあからさまに変更し、ブダペスト覚書を死文化させたプーチン。対する西側同盟の盟主たる米大統領オバマは、確かにパイファーが言うように臆病すぎた。クリミア併合を受け米欧は対露制裁を科し、主要国（Ｇ８）からロシアを排除したものの、パイファーが一九九四年段階で思い描いた対応よりも、はるかに手ぬるかったのだ。

「ウクライナ侵攻後の現在、米国が行っているレベルと同等の軍事支援」を、ブダペスト覚書を結んだ時点で想定していたとパイファーは明かした。

オバマの宥和《ゆうわ》策

クリミア併合の翌二〇一五年、パイファーは民間専門家としてキーウを訪れ、ウクライナ側と意見交換した。その結果「ジャベリン」など携帯型対戦車ミサイルの供与をオバマ政権に勧告するが、採用されなかった。「勧告には多くの支持が寄せられたが、賛同しない人物がいた。オバマ大統領だ」。パイファーが断言した。

彼の言葉を裏付ける証言が、クリミア併合時にオバマ政権に在籍した元高官からも得られた。

「ウクライナにいわゆる防衛兵器を送るか否か、オバマ政権内で大論争になった。私も深く関与し、私のスタッフはジャベリンのような装備供与を強く支持した。しかし大統領の見解は違った」。当時、国務次官として国際安全保障政策を所管したローズ・ゴッテメラーはこう語り、さらに言葉を継いだ。

「西側、特にワシントンの対応は不十分だった。もっと厳しく対応すべきだったのに、そうしなかった。その事実が、プーチンがウクライナ侵略に駆られる誘惑を増長させた。（侵略しても）罰を逃れられると、彼は高をくくってしまったのだ」

ロシアへの懲罰が十分でなく、今のウクライナの惨劇につながったとの見方である。米国防次官補だったアンディ・ウェーバーもこう回顧した。「オバマ大統領はロシアを刺激したくなかった。だが今になってみると、もっと強力な対応を取るべきだった。我々はプーチンがクリミアとドンバスで満足すると思い込み、ロシアに宥和策を採ってしまった……」

COLUMN 23

外交に期待したオバマ

オバマ政権に在籍したゴッテメラーらの証言から、二〇一四年のロシアのクリミア併合やドンバス介入を受け、米政府内で殺傷力ある兵器のウクライナへの供与が検討されたが、オバマ大統領が首を縦に振らず、実現しなかった経緯が浮かび上がった。

一連の経緯をフォローするパイファーによると、オバマが慎重に過ぎた背景には、欧州主要国の動きがあった。当時のドイツ首相アンゲラ・メルケルはフランスとタッグを組み、ロシア、ウクライナとの協議を重ね、ドンバスの軍事的緊張の緩和を狙った。

二〇一五年二月にメルケルがオバマと会談した際、兵器供与が議題となるが、会談後オバマは「軍事的解決への期待は低い」と言明、メルケルを軸とする外交による事態打開に期待感を示した。軍事支援を見送ったのはメルケルが反対し、オバマが呼応したからだ。

この会談直後、メルケルの仲介外交が功を奏し、ベラルーシの首都ミンスクでウクライナ政府軍と親露派武装組織の停戦を規定する合意が成立する。ただその履行は難航し、ドンバスでは武力衝突が継続、二〇二二年のウクライナ侵攻へと行き着いた。

ゴッテメラー、ウェーバー、パイファーはいずれも「あの時、兵器を供与しておくべきだった」と無念さをにじませた。オバマとメルケルは今何を思うか。

大国の習慣抜けきれず　歴史家の提言①

前章まで見てきたように、ソ連という消滅国家が残した核兵器を手にしたウクライナは一時、世界第三位の核保有国となるが、米露との紆余曲折の交渉を経てその全てを手放した。同時に、核を外交カードに西側から「安全の保証」や経済支援を存分に獲得すべきだとの論調も国内で湧き起こった。ここからはウクライナ出身の核専門家で、母国が核を放棄する経緯を丹念に掘り下げた研究で世界的にも注目を集める歴史家、マリアナ・ブジェリンへのインタビューから歴史の教訓を抽出する（インタビューはオンラインで二〇二二年五月三一日に実施）。

最優先は不拡散

「ソ連解体という予期せぬ出来事が進行する中、当時のブッシュ（父）米政権は状況対応的で実のところ、ソ連を刷新して改革するとした指導者ゴルバチョフの計画にある意味、頼っていた。他方、バルカンでは多民族国家のユーゴスラビアが崩壊し事態は悪化していた。結局、ソ連は何人の予想よりもはるかに早く解体された。そんな『ソビエト後』に直面するブッシュ政権にとって最優先事項は核不拡散だった」

一九九一年八月、ゴルバチョフの失脚を狙った保守派によるクーデターが発生し未遂に終わるが、ソ連没落の流れは止まらず、同年一二月には「赤い帝国」が世界地図から姿を消した。その結果、三万発超の核がロシア、ウクライナ、カザフスタン、ベラルーシに分散され、核保有国数は増大。米国はソ連が「核のユーゴ」と化し、新規核保有国が緊張を高めるシナリオを何より恐れた。

「ブッシュ政権は『ソ連崩壊後に出現すべき核保有国は一カ国だけ』との立場を取った。その一カ国はロシアだった。またロシアを含む旧ソ連諸国に、ソ連時代からの軍備管理義務をいかに履行させていくかが安全保障上、重要課題となった」

「(そんな米国の主たる関心は)第一次戦略兵器削減条約(ＳＴＡＲＴ１)だった。一九九一年七月三一日に米ソが調印したが、批准が必要なため発効しないまま、一方の当事者が瓦解した。そこで誰がこの条約を批准し、いかに発効させるかが問題となった」

大きな賭け

一九八九年一一月の「ベルリンの壁」崩壊が象徴する冷戦の終焉《しゅうえん》、さらに米国の核戦力の標的だったソ連の消滅。米大統領ブッシュはこの間、最後のソ連指導者ゴルバチョフと軍縮交渉を前進させ、冷戦期の最大時で計七万発弱あった核兵器のリスク削減を主導した。

「ブッシュ政権は軍備管理に大きく賭けていた。（ブッシュが副大統領だった）一九八七年には特定の核ミサイルを全廃する中距離核戦力（ＩＮＦ）全廃条約（巻末の用語集を参照）が調印された。また九年に及ぶ一進一退の交渉の末に成立したＳＴＡＲＴ１は最高の成果だった。その発効は極めて重要で、ブッシュ政権はソ連解体で軍縮が危機に瀕する展開を避けたかった」

核軍縮・不拡散を強力に推し進めたブッシュ政権だったが、ウクライナやカザフスタンなど新たな独立国へのアプローチは周到さを欠いたようだ。

「いま振り返ってみると、安全保障や核軍備管理の分野はともかく、ブッシュ政権はロシア以外の旧ソ連諸国とどう向き合っていくのか、確固たる政策を立案するのが実に遅かった。ワシントンとモスクワの間には数十年来の意思疎通の伝統があった。軍備管理交渉を通じて互いが往来を重ねた歴史もあった。しかしワシントンが、キーウやアルマトイ（当時のカザフスタンの首都）、ミンスク（ベラルーシの首都）とやりとりしてきた歴史はほとんどない」

こぼれ落ちた小国

最初はゴルバチョフ、次は同じ改革派と目されたエリツィンとのパイプを重視し、ポスト冷戦戦略の軌道を描いたブッシュ政権。ただそれは、ウクライナはじめ他の旧ソ連諸国との意思疎通が不十分な実態の裏返しでもあった。

「（米露協調は）理解できるが、それは大国の習慣を映し出している。同じ仲間内では話をするが、そうでない小さな国はこぼれ落ちる。核問題がなければウクライナやベラルーシ、カザフスタンの人々に世界はあまり注目を払わなかったと言っても過言ではない。米国は国際舞台に突如現れた新生国家に対し『あなた方は核兵器を持っている。それをどうするのか。放棄すべきだ』と言って、焦点を一方的に（核問題に）当てたのだから」

マリアナ・ブジェリン Mariana Budjeryn：1975 年ウクライナ西部リビウ生まれ。政治学博士。米ハーバード大上級研究員。母国の核放棄の経緯を検証した英書 Inheriting The Bomb を 2022 年に出版。（本人提供）

ソ連という主敵の退場後、世界で無二の存在となった米国だったが「大国の習慣」からは抜けきれなかった。そして冷戦後の最大の脅威を核拡散と規定し、ソ連の残した核を一つの国に集中すべく、ロシアをソ連の継承国と位置付けた。こうした姿勢を巡ってはウクライナ国内に異論があったという。

「当時のウクライナ人は（ウクライナはじめ一五ある共和国）全てがソ連を構成しており、ロシアはあくまでソ連の継承国の一つと見なしていた。確かにロシアは最も広大で多くの点で最も重要だ。それでもウクライナ人にとって、ロシアはソ連を継承する多数の一つに過ぎず、ウクライナもその一つだったのだ」

COLUMN 24

狭かったレンズ

冷戦後も米国は「大国の習慣」から抜けきれず、ロシアを除く旧ソ連諸国への対応にきめ細かさを欠いた――。歴史の教訓と反省をこう説くブジェリンの言葉を聞きながら、前章までに幾度か証言者として登場した重要人物の言葉を思い出した。

「モスクワのレンズでウクライナを見るのは現実的ではない。モスクワがキーウの主人であるかのごとく」

発言の主は、冷戦終結後にウクライナの外相や外務次官を務めたボリス・タラシュク。第4章でも紹介したが、この一節は一九九三年一月、ホワイトハウスで面会した米大統領ブッシュに対し発せられた。

「モスクワのレンズ」。まさにブジェリンが喝破した「大国の習慣」を具現化した言葉だ。

膨大な核戦力でソ連と長年対峙した米国は、ソ連消滅後もその継承国と見なした大国ロシアとの関係を何より重んじた。ソ連の残した核兵器をロシアが集中管理することでNPTに依拠した国際核秩序を堅持するのが、ブッシュ政権のポスト冷戦戦略の支柱でありそれがモスクワ中心の思考様式を促したのだろう。

それでも、あの時超大国となった米国は自身の視界をもう少し広げられなかったのか。「ゴルバチョフ・エリツィン後」をにらんだ戦略的備えは十分だったのか。検証されるべきポイントだろう。

合意破りに抑止力なし　歴史家の提言②

一九九一年のソ連消滅後も米露主導で国際政治のルールを決める「大国の習慣」から抜けきれず、ロシア以外の旧ソ連諸国への対応が後手に回った米国のブッシュ（父）政権。前節に続き歴史家ブジェリンの言葉から、眼前の戦争の底流に潜む歴史の教訓を紡《つむ》ぐ。

ソ連なき後の「空間」

「ロシアが自分たちの求める対等なパートナーにはならないだろう、と思う人がウクライナにはいた。彼らはロシアを優遇するのは不公平だと考え、ソ連の継承国とされたロシアがソ連の残した『空間』を埋める事態を恐れた。他方、ロシアとの良好な関係を望む人も多かった」

「ロシアに不安を覚える人は、米国に自分たちの安全保障上の懸念を理解してほしいと考え『安全の保証』を求める動きが巻き起こる。これへのブッシュ政権の対応は『（ロシアを含む旧ソ連諸国を）欧州安保の枠組みに統合しよう。経済改革を進め一人前の民主主義国になれば、欧州民主主義共同体の仲間入りができる』というものだった」

米ソ英仏中にのみ核保有を認めてきたNPTを礎《いしずえ》に、冷戦後の核秩序堅持を狙ったブッシュ政権。そのため早々にロシアをソ連の「核の継承国」と決めたが、ウクライナ国内に残る対露不信には十分な手当てができていなかった。

袋小路

一九九三年一月、そんなブッシュ政権に代わりクリントン政権が登場すると、同じ年の四月、ウクライナ最高会議（定数四五〇）の一六二議員が公開書簡で「ウクライナに核の所有権がある」との主張を展開した。核放棄の見返りに法的拘束力のある「安全の保証」を米国はじめ核保有国から獲得すべきだ、との意を体した動きだった。

「この書簡はウクライナの総意を反映していなかったが、最も活動的で声の大きな勢力の意思表示であり、同国の外交官らがタフな姿勢で交渉に臨むよう後押しする重要な役割を果たした。親欧米の民主派ユーリー・コステンコが一六二人を率い、国益の観点から政府のやり方は手ぬるいと考えた」

「『安全の保証』を巡るブッシュ政権との交渉は袋小路に陥っていた。同政権は一九九二年の大統領選に多忙で、(旧ソ連の核)問題を早く片付けたかったのだ。一方ウクライナ側も譲らず、米国の新政権誕生を受け『安全の保証』を再提起するのは時宜にかなっていた」

クリントン政権は包括的な対ウクライナ政策の見直しに着手、一九九三年五月には核問題ばかりに焦点を当てたブッシュ政権のアプローチは得策でないとの結論に至る。

「頭ごなしに核放棄を求めるのではなく、START1やNPTの批准の必要性を訴えながら、政治経済分野でウクライナに関与しパートナーシップを構築する――。これが政策見直しの結論で、最終的により良い結果を生んだ」

破られた約束

四年ごとの大統領選で政権交代が起こり得る米国。その政治サイクルは前任者の政策を徹底検証し、思い切って路線転換を図る転機にもなる。クリントン政権のより包摂的な政策が最終的にウクライナの核放棄につながるが、同国の切望した、有事における米国の主体的関与を約束する「安全の保証」までは成就しなかった。

「一九九〇年代前半、唯一の超大国を相手に、ウクライナのような外交上のテコを多く持たない国が交渉するのは困難なことだった。また米国が法的拘束力ある取り決めを外国と結ぶには米議会上院の批准が必須で、政権は『政治的資産』を使って上院を説得しなくてはならない。だが、クリントン政権にその用意はなかった」

一九九四年末、ウクライナは米露英と「ブダペスト覚書」に署名。米露英三カ国は核放棄したウクライナの主権と領土を尊重し安全保障を誓約するが、より踏み込んだ防衛義務を伴う「安全の保証」の文字はなかった。

「米国にとって『安全の保証』は軍事的関与を意味する言葉だ。それは(欧州同盟国が攻撃されたら米国が一緒に反撃する集団的自衛措置を規定した)NATO条約第5条のようなもの。だから、米国務省の法務官らは『(覚書は)安全の保証ではない』と主張したのだ」

ブダペスト覚書の正式名称は英語で「ウクライナのＮＰＴ加盟に関連した安全保障の覚書」。だが、ウクライナ語版では「安全の保証の覚書」と訳されている。

「これはウクライナ政府が国内で成果をアピールするためだった。ウクライナは欲しいもの全てを得たから署名したのではない。（核放棄の）巨大な圧力にさらされ、非常に劣悪な経済状況は西側の支援を必要としていた。同時にウクライナは『法的拘束力のある文書とするか、（そうでなければ）違反があった場合の対応を決めてほしい』と訴え続けた」

しかし結局、「違反があった場合の対応」、つまり約束を反故にした者への報復措置は覚書には何ら盛り込まれなかった。違反行為への抑止力が伴わない国際合意は二〇一四年、ロシアのクリミア併合によりあっさりと破られてしまう。

COLUMN 25

不可欠だった懲罰措置

ブジェリンの言うように、ソ連崩壊で唯一の超大国となった米国との直接交渉はウクライナのみならず、どんな国にも至難の業だっただろう。特に当時はまだ新生国家だったウクライナの場合、世界最強の軍事力と経済力を誇る米国を相手に丁々発止のやりとりをするハードルの高さたるや、想像するに余りある。

しかも冷戦終結に世界が歓喜した一九九〇年代、米露の圧力の下、核兵器を手放さない選択肢は現実的にあり得なかった。仮にソ連の残した核を一部でも手元に温存していたら、ウクライナは国際社会の「のけ者」となる恐れがあったからだ。

ならば、核を放棄させるに当たり、ウクライナ国内で当時から心配されていたロシアの威圧や挑発行為を阻止するための十分な備えがあってしかるべきだった。

ウクライナに核を諦めさせる際、鍵となったのは一九九四年末に米露英とウクライナが署名したブダペスト覚書だった。だがそこには、武力による威嚇や武力の行使によって主権国の独立や領土を脅かしてはならないとする国連憲章の文言以上の内容はなかった。

何より不可欠だったのは、覚書を破った者を確実に懲罰する具体的措置であったにもかかわらず、だ。「ロシアのクリミア併合があった際、ブダペスト覚書を強化しておくべきだった」。こう嘆くのはバイデン大統領に近い米政府高官だ。

核不拡散に甚大なる打撃　歴史家の提言③

一九九四年一二月五日、ハンガリーを訪れたウクライナ大統領クチマは「ブダペスト覚書」に署名した。米露英はウクライナの主権と領土を尊重すると誓約し、安全保障を約束した。片やウクライナはソ連の残した核兵器を完全放棄し、NPT加盟を決断した。だが覚書は法的拘束力を伴わない上、違反行為への具体的な対抗措置も明記されず、欠陥を内包していた。ブジェリンの言葉をさらに続け「侵略の代償」を考える。

紙切れの意味

「(一九九四年のブダペスト覚書署名は) 翌九五年にNPTの無期限延長の可否を決める会議が控えていたという事情があった。NPTを無期限延長したい米国には (核を一時保有した) ウクライナやベラルーシ、カザフスタンの宙ぶらりんな状態は好ましくなく、核問題を早く片付けたかった」

当時のクリントン米政権は米露英仏中にのみ核保有を認めたNPTを国際核秩序の「礎石」と見なし、その無期限延長を最優先課題としていた。その脈絡で覚書署名を急いだわけだが、違反行為に対する対応措置の欠如は大問題だった。

「この覚書を将来の防衛協力の礎とし、米英さらにNATO諸国はウクライナにもっと関与できたはずだ。覚書を協力の枠組み作りのテコとすべきだったが、二〇一四年のロシアのクリミア併合時、そんな枠組みは作られなかった。国際関係において署名した紙切れが意味を持つか否かは、署名国による事後の取り組みに負うところが大きい」

悪しき先例

クリミア併合でロシアが覚書を一方的に破棄したにもかかわらず、ウクライナを救済する効果的な対策が取られないまま、二〇二二年冬、ロシア大統領プーチンはウクライナの大地を侵略する。核放棄の国際約束を果たした国が無残にも、核大国の餌食となってしまったのだ。その含意は深遠なり、だ。

「クリミア併合後もブダペスト覚書を活用すべきだった。もちろん米英に違反行為はないが、覚書を糧に良い方向へ事態を改善できた。攻撃的なロシアに対峙するのはウクライナだけではないという覚書の精神を貫くべきだったのだ。しかし対応が手ぬるく、覚書は死文化した」

「併合後も米欧は軍事援助・訓練を実施するが、それはウクライナの核放棄に関連した米欧側の（せめてもの具体的措置の）履行という位置付けだった。ブダペスト覚書は核兵器と核不拡散の歴史、NPT体制の重大な一角を成す。にもかかわらず、核の選択肢を諦めた国に安全保障を約束した核保有国が侵略行為に出た。ロシアの覚書破棄は甚大な打撃を核不拡散体制に与えてしまった」

NPTを順守しようと核放棄の大英断を下した国が、NPT体制の特権にあぐらをかく核大国の犠牲になってしまった。その代償の重さたるや、強調しても強調しすぎることはない。ウクライナの惨劇を目の当たりにした国が仮に将来、核を持った場合、手放すことをためらう悪しき先例を残してしまったからだ。

失敗の本質

クリミア併合後、ロシアがウクライナ東部ドンバスで実効支配を強めると、当時はまだ辛うじて超大国だった米国の大統領オバマは独仏主導の外交工作に事態打開の命運を懸けた。

「オバマ政権下の二〇一四～一五年にノルマンディープロセスと呼ばれる停戦交渉が進められるが、主体は独仏で米英は加わらなかった。ブダペスト覚書署名国の両国がなぜ参加しなかったのか。とりわけ米国の国際政治における存在感は格別だ。天然ガスのパイプラインを建造するドイツがロシアとビジネスを続けたい中、米国が交渉に携わっていたら事態は違っていただろう」

オバマはウクライナに全面的な軍事援助を行うでも、外交指導力を自ら発揮するでもなかった。この間、独仏はドンバスの紛争解決へ向け、ウクライナやロシアとベラルーシの首都ミンスクで交渉を重ね、停戦を規定する合意を結ぶが、履行されないまま崩壊してしまう。その終着点がウクライナ侵攻だった。失敗の本質は何か。

「ウクライナの核放棄後、同国に対する米国の関心は霧消し、積極的で協調的な政策が不在となった。安全保障面でウクライナは、拡大するＮＡＴＯと徐々に好戦的になるロシアの狭間にあった。米国は、民主化支援はしたが長期戦略を描くことに失敗した。Ｎ

ATO諸国は『いずれ加盟を』と言いながら実際は何も進まなかった。つまるところ、米欧はウクライナの戦略的重要性を理解できていなかったのだ」

「オバマ氏が積極策に消極的だった理由にはウクライナの腐敗がある。軍事援助しても横領されることなく本当に戦場で使われるのか確信が持てなかったのだ。またノーベル平和賞受賞者としての評判も影響したのでは。米国が（軍事的に）積極関与すれば、ロシアが事態をエスカレートさせると強く懸念したのだろう。そしてウクライナを全面支援しない限り、中途半端な策は逆効果を招くと考えたのではないか」

COLUMN 26

想定外の「第3類型」

「ＮＰＴは物事を単純化し、たった二つのカテゴリーで全ての国を区別している」。こうブジェリンが語るように、一九七〇年発効のＮＰＴは核を「持てる者」を五カ国に限り、残り約一九〇の国を「持てない者」に分類した。

核開発で先行した米英とソ連（現ロシア）が主導したＮＰＴの根源的な狙いは、他国の核開発の阻止、つまり核不拡散にあった。

ただＮＰＴは、消滅国家の核兵器を継承したウクライナのような「第3類型」までは想定していなかった。そのため米露は一九九五年にＮＰＴの無期限延長が論じられるに当たり、この〝新類型〟をいち早く処理したかったのだ。

そこで前年の一九九四年末にブダペスト覚書をウクライナと結び、安全保障を約束。ウクライナは旧ソ連の核を完全放棄し「持てない者」としてＮＰＴの仲間入りをした。

問題はこの後だった。米欧はウクライナが求めるＮＡＴＯ入りに希望を持たせながらも、加盟させるわけでもなく、ウクライナ防衛強化のための具体的措置を講じるわけでもなく、結局、プーチンの侵略を許してしまった。

マリアナ・ブジェリン。（本人提供）

NATOに正式加盟できないのなら、せめて米国がウクライナに「非NATO同盟国」の地位を与え、防空システムやミサイル防衛の供与で抑止力を高めていれば、侵略を防げたかもしれない——。こんなブジェリンの訴えが重く響く。

第6章
瓦解する核秩序

プロローグ

広島、長崎への原爆投下で始まった核と人類の歴史。やがて八〇年になるその歩みの中で、未曾有の状況が出現しつつある。つまり核を巡る国際情勢はかつてなく混沌《こんとん》とし、核兵器を二度と使うまいとして人間の英知で構築されてきた核の国際秩序が稀に見る動揺に見舞われているのだ。その実態は「核カオス」と呼んでよく、行き着く先は現行の秩序の瓦解である。第1章から詳述してきたように、「二匹のサソリ」時代は中国を加えた「三匹のサソリ」のそれに変質しつつある。それは核時代における根本的な変化である。また核放棄したウクライナに対する核保有国ロシアの侵略戦争は三年目に入り、半世紀超にわたって国際社会が積み上げてきた核軍縮・不拡散の努力を水泡に帰しかねないリスクを内包する。

近年先鋭化する米中対立の後景では朝鮮半島の核リスクが日増しに増大し、二〇二三年一〇月からのパレスチナ自治区ガザでの紛争を抱える中東も、イランの核問題が未解決の中、サウジアラビアなどへの核技術拡散が懸念される。

最終章となる本章では過去半世紀以上の間、国際核秩序の「礎石」として堅持されてきた核拡散防止条約（ＮＰＴ）体制にフォーカスを当てる。ＮＰＴは紛れもなく不平等条約だ。同じ国連加盟国を「核を持てる者」と「持てない者」に峻別しているからだ。そんな不平等条約が一九七〇年の発効以来、それなりに機能し存続してきたのは、不平等性を軽減する制度的な措置が担保され、それが曲がりなりにも履行されてきたからだった。

ＮＰＴは第六条で米露英仏中の「核を持てる者」に核軍縮を促すだけではなく、将来的には「全面的かつ完全な軍備縮小」へ向けて「誠実に交渉を行う」よう義務付けている。「全面的かつ完全な軍備縮小」には当然、核兵器が含まれ、その行き着く先は核の完全廃棄だ。一方、大多数の「核を持てない者」は将来も核を持たないことで核不拡散の義務を果たし、その見返りにいわゆる「原子力の平和利用」の権利が保証されてきた。ＮＰＴは「核軍縮」「核不拡散」「平和利用」からなる三位一体のグランドバーゲン（一括取引）に根差した国際約束であり、加盟国・地域が一九〇以上に上る最も普遍性の高い多国間条約に発展してきた。

しかし、だ。近年そのバランスが崩れ、制度そのものを腐食しかねない事態が進行している。具体的に言うなら、核開発に邁進する北朝鮮のＮＰＴ脱退宣言（二〇〇三年）や、非核保有国としてＮＰＴに入ったウクライナに対するロシアの侵略戦争、そして米露中が「近代化」名目に推進する質的核軍拡が挙げられる（中国は量的核軍拡も並行して進めている）。

ここからは被爆七七年の二〇二二年八月にあったNPT再検討会議の顚末をリポートする。この会議は条約加盟国が五年に一度、ニューヨークの国連本部に一堂に会し、条約の運用状況を点検し、さらなる制度強化を図る重要な国際交渉の場だ。

だが、その再検討会議は二〇一五年に中東の非核化問題を巡って決裂し、新型コロナウイルス禍を経て二二年にようやく開かれた会議も合意形成に至らなかった。五〇年超の歴史を誇るNPTにおいて、再検討会議が二回連続で決裂するのは初めてのことだ。二二年八月の再検討会議の現場報告を通じ、そんな「NPTの現在地」を考えてみる。NPTの制度疲労に不満を募らす国は二一年一月に核兵器禁止条約（TPNW、巻末の用語集を参照）を発効させており、そうした新たな進展にも目を向けたい。

合意阻んだプーチンの論理

二〇二二年八月二六日の午後三時前、西に傾く残暑の陽光がニューヨーク・マンハッタンにある国際連合本部を照らす。決裂の予兆となる異変が現れたのはこの時だった。「最後の全体会合は午後三時から四時半に変更されました」。最終日を迎えたNPT再検討会議の最後の協議開始が一時間半遅れとなる知らせが、会議関係者に一斉に届き始めた。それは紛れもなく悪い知らせだった。

楽観論

この一時間ほど前、国連総会議場に向かう南米チリの代表団顧問ウィリアム・ポッターは会議成功への期待感を示しながら、筆者の取材にこう語っていた。

「最大の鍵を握るのはロシアとウクライナ。ただロシアは、自分一人が合意をブロックして非難を受ける展開を避けたい。だからウクライナが何か言い出してくれることに期待している。一方、中国は最終文書案の改定版に満足している。（中東非核化問題を重視する）イランも文言自体に不満があるわけではない」

この時点でポッターの楽観論を共有する会議関係者は少なくなかった。ポッターは米西部モントレーを拠点に研究活動を続ける核問題の専門家で、核軍縮の世界で知らない者はいない存在だ。

一九七〇年発効のNPTは原則五年に一度、条約の維持強化策を論じる再検討会議を四週間開く。通算一〇回目となるこの会議は当初二〇二〇年春の開催予定だったが、新型コロナ禍で再三延期となり、二二年八月一日にようやく開幕。日本の首相、岸田文雄も現地に赴いた。

再検討会議は基本的に全会一致で最終合意文書の採択を目指す。二〇一五年の前回は中東の非核化問題で最終日の協議が紛糾し破綻に終わった。半世紀超続くNPTの歴史において二回連続の決裂は過去に前例がなく、「今回は何とか最終文書を」との機運が高まっていた。

全会一致への障害

それでも全会一致を阻む障害がいくつも存在した。まずネックとなり得たのは、前回二〇一五年会議の決裂の種となった中東非核化問題だ。

NPT未加盟の核保有国イスラエルを牽制《けんせい》したいエジプトなどのアラブ諸国やイランはこ

の時、イスラエルを入れた国際会議の即時開催を求め、同国擁護の米国と鋭く対立した。だが「二〇一五年と同じ失敗を繰り返してはならない」と考えた米国は二一年の時点からエジプトとの裏交渉に着手、両者は背後で早い段階で妥協に至っていた。

次なる障害は中国だった。過去の会議では「非同盟諸国のリーダー」として比較的穏健に振る舞ってきた中国は二〇二二年の今回、議場で何度も声を張り上げた。「AUKUS（豪英米）」の名の下で米英が進める対オーストラリア原子力潜水艦供与計画への懸念を表明、日本の一部政治家らが議論の必要性を唱える「核共有」に対する非難を繰り返し、さらにプルトニウムなど兵器用核分裂性物質の生産停止への強硬な反対姿勢を貫いた。核兵器増産を目論む中国に、生産停止を唯々諾々と受け入れる余地はない。

そして中国の水面下の工作が功を奏したのか、会議最終日前夜にまとまった最終文書案からは、当初案にあった「核保有国に兵器用核分裂性物質の生産停止宣言を求める」との一文がそっくり消え、将来の核増産への手足を縛られたくない北京の意向が通った。これも全会一致を何とか導くための妥協の産物だった。

急転直下

しかし何と言っても、最大の障害は戦闘が続くウクライナ情勢だった。

西側諸国は南部ザポリージャ原発を占拠するロシア軍の即時撤退を求め、ロシアの責任追及を模索するが、ロシア代表団が激しく抵抗した。その結果、ロシアを名指しする表現が最終文書案から削除されるなど、全会一致へ向けた苦心の作業が水面下で続いていた。

そして迎えた会議最終日の八月二六日正午過ぎ、アルゼンチンのベテラン外交官で議長のグスタボ・スラウビネンが最終文書案を巡るロシアの諾否を確認しようとした瞬間、事態は急転直下の様相を呈す。首都モスクワの意を体したロシア代表団が、反対の意思を鮮明にしたからだ（271ページのスラウビネンへのインタビューを参照）。

交渉筋によると、土壇場でロシアが「レッドライン（絶対に譲れない一線）」だと主張したのは最終文書案に残った次の二つの表現だった。①権限のあるウクライナ当局②国際的に承認されたウクライナの国境――。

戦争開始から砲撃が続き、ロシア当局が管理権を奪ったザポリージャ原発の安全を求める脈絡で盛り込まれた文言だったが、ロシア大統領のプーチンには到底のめなかった。

なぜなら①の表現を含む一節は、プーチンがこの年の二月に始めた「特別軍事作戦」で排除対象とするウクライナのゼレンスキー政権にザポリージャ原発の管理権を戻す重要性を指摘する内容だったからだ。また②についてだが、クリミア半島を併合したロシアにしてみれば「国際的に承認された国境」など、そもそも存在しない。さらに言うなら、ＮＰＴの場で国境に関する議論を行うこと自体が不適切というのが、モスクワの思考様式だった。

ロシア政府関係者も「(問題の件は) ロシアに反対させるため意図的に盛り込まれた表現。西側の挑発行為だ」と取材に言明した。一方「ロシアは端《はな》から再検討会議を成功させる気がなかったのではないか」(日本代表団筋) との見方もある。

ゼレンスキー政権を「ネオナチ」呼ばわりし、核の恫喝を繰り返しながら、侵略戦争を続ける核大国ロシア。その頂に立つ「独裁者プーチンの論理」が、四週間の長丁場だった二〇二二年再検討会議を葬り去り、国際核秩序の要《かなめ》であるNPT体制そのものを根底から揺るがしている。

COLUMN 27

決裂直前、記念撮影に拍子抜け

何とも拍子抜けする光景だった。一〇回目を数えるNPT再検討会議の最終日となった二〇二二年八月二六日夕刻（ニューヨーク時間）。午後三時に開始予定だった最後の全体会合が二時間を経過しても始まらず、国連総会議場に集まった外交官らは所々で記念撮影に興じ始めた。ロシア代表団も議場をバックにハイチーズ。

そんなさなかの午後五時一五分、議場内にいる国際原子力機関（IAEA）の元高官から一通のメールが筆者に届いた。「ロシアがザポリージャ原発に関する文言を理由に合意形成を止めている」

慌てて議場で旧知の別の会議関係者をつかまえたら「最終文書採択は恐らくない。会合が予定通りに始まらず、これだけ待たされているのだから」。

議場内に目を凝らすと、米代表団の幹部二人が議場から廊下に出て、緊張した面持ちで議長スラウビネンが待機する部屋に向かっている。思えばこの直前、米代表団トップは厳しい表情で自らの演説予定稿を入念にチェックしていた。米国は決裂を確信し、最後の全体会合でロシア非難のトーンを強める幕引きへと動いていたのだ。

「最終日午前中まで最終文書を採択できるかもしれないと思っていたのだが……」。会議閉幕二週間後の九月一二日、米代表団ナンバー2を務めたトーマス・カントリーマンがオンライン取材にこう語った。次節では彼の回想を中心に米露の「断絶」を描写する。

2022年8月26日、NPT再検討会議の閉幕直前、国連総会議場で記念撮影をするロシア代表団。（筆者撮影）

断絶が浮き彫りに

長年、国際的な核軍縮・不拡散の「礎石」とされてきた一九七〇年発効のＮＰＴ。そもそもの狙いは、最初に核兵器を製造した米国と、二番目に開発したソ連（現ロシア）が「核クラブ」のメンバーを制限することにあった。

「一九七〇年までに（米ソ英仏の）四つの核保有国が一〇に、七〇年代には一五～二五となる可能性がある。この上ない潜在的なリスクであり、害悪である」。六三年三月二一日、当時の米大統領ジョン・Ｆ・ケネディは記者会見で核保有国が何倍にも増える核拡散の脅威に警鐘を鳴らした。

かつての利害共有者

この前年の一九六二年一〇月にはキューバ危機が発生、ケネディはキューバに核ミサイルを搬入したソ連の指導者フルシチョフとの裏交渉でミサイルの撤去にこぎ着け、核戦争の危険を辛うじて回避していた。以降、米ソの二大核大国は「核兵器の不拡散」という実益を重ね合わせ、現在のNPT体制を築き上げた。

熾烈な冷戦を戦いながらも、NPTに立脚して核リスクを制御する「核の方程式」を確立した米ソ。一九九一年末のソ連解体後もその構図に大きな変化はなく、五年に一度のNPT再検討会議の場において米露は利害共有者であり続けた。

しかし、一〇回目の再検討会議が開かれた二〇二二年八月、そんな米露協調の構図は完全に瓦解した。ロシアによるウクライナへの侵略戦争が漆黒の影を落とし、従来の「核の方程式」を機能不全に陥らせたからだ。

「(再検討会議最終盤の)あの時、米国が直接ロシアと接触の機会を持つことはなかった」。ニューヨークの国連本部であった二〇二二年夏のNPT再検討会議に米次席代表として出席したトーマス・カントリーマン(一九五七年生まれ)は会議閉幕の二週間後、オンライン取材で決裂の舞台裏を証言すると同時に、その底流に米露の断絶があったことを明かした。

採択への期待と不安

会議最終日の前日となる二〇二二年八月二五日の夜、再検討会議の合意事項をまとめた最終文書案の改定版が約一九〇の加盟国・地域に配布された。そして、翌二六日午後三時に各国代表団が国連総会議場に集まり、文書案採択の可否を決することになった。

それまでに各国の代表団は採択の諾否について本国政府の指示を仰ぎ、反対の国がなければ、最後の全体会合で全会一致によって最終文書案が採択される段取りが一応組まれた。

「我々は最終文書の採択に期待していた。四週間の議論を通じ、大多数の国がNPTの『約束』を再確認したいと願っており、妥協の精神が醸成されていたからだ」

カントリーマンの言う「約束」とは、①核軍縮②核不拡散③原子力平和利用——の「NPT三本柱」に依拠する、加盟国間の権利義務関係を指す。前述した「グランドバーゲン」の下、核保有国と非核保有国がそれぞれ約束した義務とその見返りとして保証された権利を再確認することでNPT体制の堅持強化を図ろうとの総意が形成されつつあったというのが、四週間の会議に参加し続けたカントリーマンの感触だった。

「激しい応酬もあったが、各国代表団は明らかに、前向きな結果を残そうという決意を共有していた。我々は二五日夜から最終日二六日午前にかけ、文書採択に手応えを感じていた」

だが、会議最終日を迎えるカントリーマンには不安もあった。ロシアの真意が最後の最後まで読めなかったからだ。

異例の事態

「ロシア代表団の期待値がどこにあるのか、分からなかった。ロシアは前回会議よりも低いレベルの代表団を派遣し、ウクライナ代表団を攻撃する発言も控え気味だった。だから、ロシアが本当のところ一体何を考えているのか、読み解くのが非常に難しかった」

ロシアは今回、カントリーマンらが本来やりとりする高位外交官をニューヨークに派遣しなかった。象徴的なのが、核軍縮・不拡散政策を主導する外務次官セルゲイ・リャブコフの欠席だった。

会議筋によると、ウクライナでの戦争を背景に西側が対露制裁を強める中、米国はリャブコフに入国ビザを発給する予定だった。にもかかわらず、リャブコフはじめロシアのキーププレーヤーは最後まで国連本部に姿を現すことがなかった。

そのためカントリーマンらは交渉相手不在という異例の事態に直面し、過去の再検討会議で連携してきたロシアと没交渉に陥っていたのだ。

カントリーマンは言葉を継いだ。「最終日前日、議長は（全会一致を得るべく）最終文書案を微修正した。各国代表団はこの日に受諾可否の見通しを議長に伝えるのだが、ロシア代表団は明確に意思表示していなかった」

そして迎えた最終日、突如ロシアだけが反対を表明し、再検討会議は破綻した。カントリーマンは「（ロシアの翻意を促すだけの）影響力が米国にはなかった」と振り返る。

日本代表団筋も「ウクライナ侵攻後、米露の対話は途絶えていた」と証言した上で、浮き彫りになった断絶をこう表現した。

「今会議の大きな特徴は米露が話すらしなかったことだ。（砲撃が続いたウクライナ南部の）ザポリージャ原発の問題でも話をせず、それほど関係は悪化していた。共通利益があるからＮＰＴの場ではこれまで米露が対話してきたのだが……」

COLUMN 28

核軍縮の道、甚だ険し

二〇二二年八月のNPT再検討会議は全会一致での最終文書採択を目指し、議長のスラウビネン（アルゼンチン）が文書案の改定をギリギリまで続けた。そんな苦心の作業はロシアの反対で日の目を見なかったが、草案には歓迎すべき内容も複数見られた。

例えば、米露の新戦略兵器削減条約（新START）を巡る記述だ。草案の最終改定版にはこんな件《くだり》があった。「ロシアと米国は新STARTの完全履行を約束し、二〇二六年の失効前に、同条約の後継枠組みに関する誠実な交渉を行うよう模索する」

今から六〇余年前のキューバ危機で核戦争の手前まで行った米ソは一九六三年に部分的核実験禁止条約を締結して以来、核軍縮で共闘する場面が少なくなかった。そして冷戦の最盛期に万単位の核を保有していた両国は、二〇一一年発効の新STARTで配備戦略核弾頭数を一五五〇にまで削減した。

ただ新STARTは二〇二六年に失効予定で、このまま双方が反目を続ければ、米露二国間の核軍縮条約は完全消滅する。そんな中で、後継条約の交渉を促進する文言がNPT再検討会議の最終文書案に明記されたのは、前向きなニュースだった。

しかし、会議出席者を取材すると実態は違った。実は、この文言は米国が提案し多くの国が賛同したものの、ロシアは明確な賛意を最後まで示さなかったという。長引く欧州での戦争を後景に「核軍縮の道、甚だ険し」、そんな実情が四週間という長丁場の会議で浮き彫りとなった。

ナラティブ変える中国

ウクライナへの侵略を続けるロシアの反対により、二回連続の決裂という未曾有の結末となった二〇二二年八月のNPT再検討会議。実はロシア以外にも、核軍縮の機運を再起させようとする動きにあらがう大国がいた。一九六四年一〇月、アジアの国として初めて核実験を実施した中国だ。

再検討会議二日目の八月二日、濃紺のスーツに身を包んだ恰幅のいい男性がニューヨークの国連本部の壇上に立った。用意された演説文に目を落とし、母国語で言葉を紡ぎ始めたのは中国代表団を率いる傅聡《ふ・そう》。中国外務省で軍縮局長を務めるシニア外交官だ。

「二重基準」

「冷戦思考の亡霊がのさばっている。軍事同盟に依拠した時代遅れの手法が蘇っている」

冒頭部分でこう切り出した傅は「中国はいかなる状況でも核兵器を最初に使う国にはならないと約束する」とした上で、約一〇分間に及ぶ演説の矛先をまず米国に向けた。

「最大の核戦力を保有する国こそが大幅な（核の）削減義務を負っており、実践すべきだ」。ストックホルム国際平和研究所（SIPRI）の推計によると、この会議があった二〇二二年段階で米国の核保有数は五四二八（解体待ちの弾頭を含む）。その数は中国の十数倍に上る。ロシアも五九七七（同）だが、傅の演説に続けて耳を傾けると、批判の比重が米国にあることは明白だった。

「国際社会は不拡散分野における二重基準を拒絶すべきだ。米国と英国、オーストラリアの間で進む原子力潜水艦を巡る協力は、NPTの目的と意図に背く深刻な核拡散リスクだ」

鋭い言葉の切っ先は、米英豪の新たな安全保障枠組みAUKUS（オーカス）へと向かった。米国が中国を牽制しようと、第二次世界大戦時の原爆開発以来、核政策で協働する英国と一緒にオーストラリアへ原潜を供与する計画だ。ただ兵器製造にも転用し得る高濃縮ウランを原潜の燃料とする予定で、傅はこれを念頭にAUKUSに激しくかみついた。

日米同盟も槍玉に

AUKUSを槍玉に挙げた傅の次なる標的は日米同盟だった。「核共有はNPTの条項に背理する。NATOの核共有モデルをアジア太平洋で模倣する企ては、地域の戦略的安定を損ね、厳しい対抗措置に直面するだろう」

米国は今もなお、欧州五カ国の米軍基地に戦術核を約一〇〇発配備しており、いざロシアと戦争になれば、必要に応じて米軍から核弾頭を譲り受けたドイツやイタリアなどの戦闘機が核攻撃する想定だ。そんな核共有システムが実際に稼働すれば、非核保有国への核兵器の移転を禁じたNPT違反となる。

核共有はロシアのウクライナ侵攻直後、日本でも大きな論議を呼んだ。「世界はどのように安全が守られているか、という現実について議論していくことをタブー視してはならない」。侵攻から三日後の二月二七日、元首相の安倍晋三がテレビ番組でこう述べ、日本も核共有の選択肢について政策論争すべきだとの考えを示したからだ。

ウクライナは一九九一年末のソ連解体で突如、核保有国となった。ソ連軍が配備していた約五〇〇〇発の核弾頭がウクライナ領内に残ったからだ。前章まで詳説してきたように、その後ウクライナは米露英と「ブダペスト覚書」を結び、核を手放す代わりに自国の主権や領土の尊重、安全の保障を約束させた経緯がある。

ロシアのウクライナ侵略は、そんな国際約束を反故にする蛮行だった。その余波で「核の後ろ盾のない国は自国を守れないのでは」との不安を呼び起こすことになり、核共有の議論が日本でもにわかに盛り上がった。

核共有論にホワイトハウスも関心

人類初の核の惨劇に見舞われた被爆国で繰り広げられる核共有論。日米同盟に通じる外交筋によると、米政権中枢は日本国内の論争に強い関心を示し、バイデン大統領が鎮座するホワイトハウスも気に留めたようだ。

そのため、岸田首相が政府として核共有は議論しないと公の場で表明すると、「米政府の高いレベルが評価した」（同筋）という。核不拡散はバイデン政権の優先事項である。

NPT再検討会議での演説で核共有論を非難した傅は、さらなる攻撃の矢を日本に放った。「（東京電力）福島第一原発事故で出た放射性汚染水の処理に対する近隣国や国際社会の正当な懸念に、日本は真剣に対応すべきだ」

こう強調した傅の演説を号令に中国代表団は以降、国連の議場で①AUKUS②核共有③原発処理水――に絡み、執拗なまでに日米豪への圧力を強めた。「過去の再検討会議で非同盟諸国のリーダーのように振る舞ってきた中国の姿とは全く違う……」。日本代表団からは驚きと困惑の声が漏れた。

確かに、過去の会議で中国代表団は核廃絶を志向する姿勢を鮮明にし、非同盟諸国が希求してきた、核兵器を全面禁止する条約への支持すら表明していた。中国の公式な発言回数も確認できるだけで二〇一〇年の再検討会議は三回、一五年は二〇回弱だったが、二二年の今回は五〇回を超えた。

NPTでの「ナラティブ（語り、物語）」を変えた中国。その背後には、ある秘めた狙いがあった。

COLUMN 29

日本の核共有論議、ドミノ警戒の米

「うちの党内にも核共有論に傾いている議員がいる。一度、勉強会で論点を指摘してもらえないか」。自民党内から「核共有について議論すべきだ」との意見が噴出した二〇二二年の春先、当時は国民民主党に在籍していた元外相の前原誠司から、こう声をかけられた。

冷戦期から続くNATOの核共有は、当時のソ連が西側より通常戦力で圧倒的に優位だった実情を踏まえ、西欧諸国に配備した戦術核による脅しでソ連の西側侵攻を抑止することに主眼があった。

仮にソ連が通常戦力で西欧を侵攻した場合、米軍は状況次第でNATO同盟国の空軍に核の管理権を移譲、進撃するソ連軍を空から壊滅する計画だった。そうなれば、核爆発でたちどころに甚大な被害に遭うのは欧州の市民と大地だ。

前原はこうした史実を十分に踏まえた上で、突如巻き起こった国会などでの核共有論議を冷ややかに見ていた。

また「核ドミノ」の危険性もある。「核を持たず、つくらず、持ち込ませず」の非核三原則を堅持してきた被爆国が米国との核共有に動けば、同様の措置を求める国が後に続くリスクがあるからだ。韓国、台湾、サウジアラビア……。そして米国から核共有を断られた場合、独自核武装へと歩を進める国が出ないとも限らない。

それこそ、ＮＰＴ重視のバイデン政権にとっては、憂慮すべき最悪のシナリオに他ならない。

核軍縮の足かせを拒む中国

米英による非核保有国オーストラリアへの原子力潜水艦供与は深刻な核拡散リスクだ。米国がアジアの同盟国と核共有を進めればNPT違反になる。日本は東京電力福島第一原発事故に起因する汚染水の放出を再考せよ——。

二〇二二年八月にニューヨークの国連本部であったNPT再検討会議で、中国は日米英豪に対する批判を先鋭化させた。それは、米国と中露が繰り広げる「民主主義対専制主義」の体制間競争の延長そのものだった。

ただ、原発処理水問題に代表されるように、中国の訴えは必ずしも他の国から多くの賛同を集めたわけではなかった。それでも、執念深く西側を責め立てた北京の狙いは一体何だったのか。

習体制の目論見

「自分たちは日米などから攻勢をかけられており『アンダースレット(脅威下の状態)』に

ある、との主張を多国間外交の場で示したかったのだろう」。四週間の長きにわたる再検討会議を注視し続けた国連関係者は、中国の意図をこう推し量った。

「中国は今日の非公開協議で、核共有の文脈に絡めて原潜供与問題を指摘した。米英豪側が『原潜に核兵器を搭載することはない』といくら強調しても、対中包囲網を恐れる中国は『水中にいる原潜への核搭載の有無は検証できない』との立場だ。謀略論的な考え方に陥っているのかもしれないが、中国にしてみれば安全保障上の問題なのだ」。会議中に取材した別の国連関係者もこう語り、西側への不信を募らす習近平体制がNPTの場で、自国の安全保障上の国益実現を最大限図ろうとしたとの見方を示した。

SIPRIによると、中国は二〇二四年一月の時点で五〇〇発の核兵器を保有している。解体待ちの弾頭も含めて五〇〇〇発台の米国やロシアとは桁が一つ違う。

モラトリアム

そんな核保有数のギャップと米中対立のさらなる熾烈化を見越してか、中国代表団はNPT再検討会議の最終文書に、次の一文が明記される展開をとことん阻止しようとした。

「兵器用の核分裂性物質の生産を禁じる条約が発効するまでの間、NPT締約国は、核保有国が同物質の生産停止（モラトリアム）を即座に宣言し堅持するよう求める」

プルトニウムなど核爆弾の原料となる核分裂性物質の生産禁止を義務付ける「カットオフ条約（巻末の用語集を参照）」は一九九〇年代からその必要性を国際社会が議論してきたが、核保有国の思惑が絡み合い、いまだ交渉入りのめどすら立っていない。

そんな中、中国を除く米露英仏の四つの核保有国はカットオフ条約の成立を待たず、兵器用核分裂性物質の生産停止で早くから一致。二〇二二年八月の再検討会議の最終文書にもこの点を確認する文章を盛り込もうとし、議長のスラウビネンは各国に配布した最初の草案に「モラトリアム」の言葉を刻んだ。それは、閉塞状態が続く核軍縮の将来に一筋の光明を残そうとする一手だった。

議長はリスク回避を選んだ

しかし、その眼前に中国が立ちはだかる。

国連関係者によると、草案が示された翌日の八月二三日の非公開協議で中国は「モラトリアム反対」を表明した。核戦力の増強に近年動く習近平体制が、核分裂性物質の生産停止という「足かせ」を断固拒否したのだ。

それでもスラウビネンは、再検討会議閉幕前日の二五日未明に示した草案の改定案にモラトリアムの文字を残した。

核分裂性物質の生産禁止は、二〇一〇年の再検討会議から日本が強く訴えてきた経緯がある。今回、広島選出の衆院議員である首相の岸田文雄がニューヨークに乗り込み「核兵器数の減少傾向維持」を提唱する中、日本代表団も「モラトリアムの文言だけは絶対に消すまい」とギリギリまで水面下の攻防を続けた。

だが、スラウビネンの改定案が出た直後の二五日午前の非公開協議で中国が再び巻き返しに出る。この協議に参加した日本代表団筋によると、中国はモラトリアムの言葉が残った改定案への不満をアピール、「原則は譲れない」と力説し、反対のトーンを強めた。

「中国は相当強い主張をした。（最終文書採択の前提となる）全会一致がブレークされる可能性も出てきた……」。同筋はこの非公開協議直後の取材にこう語り、中国の反対で再検討会議が決裂に終わるシナリオを強く示唆した。

これを受けスラウビネンは二五日夜に二度目の改定案を示す。何とそこからは、モラトリアムに関する一節が丸ごと消えていた。中国の強硬な反対を受け、議長は全会一致破綻のリスクを回避するため「モラトリアム削除」の道を選んだのだ。

こんなスラウビネンの苦心の判断にもかかわらず結局、翌二六日の再検討会議最終日、改定案に残ったウクライナのザポリージャ原発に関する一文に反発したロシアの反対で会議は決裂する。その背後で実は、核軍縮で歩み寄れない中国と西側の分断がくっきりとあぶり出された。

COLUMN 30

日本主導の議論、目先に中国

兵器用核分裂性物質の生産停止に関しては、日本が過去一五年ほど、核軍縮を促進する重要課題としてNPT再検討会議などの場で議論を主導してきた。

「これまでは日本がモラトリアムを主張すれば、中国は（米国が日本に供与する）核の傘とミサイル防衛を問題にしてきた。ただ今回は日本を支持する国が多かった。西側に加え（核兵器禁止条約を推進する）メキシコなども支持してくれた」

日本代表団筋は二〇二二年夏の再検討会議中にこう語り、「モラトリアム」の明記を主張する日本の訴えに多くの国から賛同が得られた点を強調した。

モラトリアムの重要性を早くから指摘してきた日本の視線の先には、核軍拡に近年傾斜する中国の存在がある。

「今回の再検討会議では、核を巡る中国の実情を国際社会に訴えることができた。東南アジア諸国連合（ASEAN）の中でも、中国が核保有国であることにようやく気付いた国もあった」。別の日本政府代表団筋はこう語り、「非同盟諸国の指導国」のイメージが強かった中国が核大国化しつつある現実を国際社会にアピールできたと力説した。

ただ、こんな日本の動きに対し、会議参加者からはこんな苦言も筆者の耳に入ってきた。「ＮＰＴの場を使って中国たたきをしている。これで核保有国と非核保有国の橋渡しなど日本にできるのか」

台湾にらみ核強国へ

「世界一流の軍隊の建設を加速する。強力な戦略的抑止力の体系を構築する」。二〇二二年一〇月一六日、深秋の北京。人民大会堂で開幕した中国共産党の第二〇回党大会で、党総書記の習近平は二期一〇年の実績を誇示しながら、異例の三期目で「強国」路線を志向する姿勢を鮮明にした。

長期独裁の途上にある最高権力者の持論を支える柱は、二〇二七年に創建一〇〇年を迎える人民解放軍であり、「大国の証し」と見なす戦略的抑止力。つまり、核超大国の米国とその同盟国を牽制する核戦力だ。

陽動作戦

二〇二二年八月にニューヨークであったNPT再検討会議でも、激化する米中対立が長く暗い影を落とした。

中国代表団は会期中、オーストラリアへの原子力潜水艦供与を軸とした米英豪の新たな安保枠組みAUKUS（オーカス）に激しい敵対心を表明する一方、自らの核軍拡の手足を縛られまいと「兵器用の核分裂性物質の生産停止（モラトリアム）」の言葉が最終合意文書に記されないよう、懸命の外交工作を繰り広げた。

これに対し、中国の核兵器増産を封じたい米国は日本と連携し、「モラトリアム」を活字に残そうと最後まで画策した。

「中国は威圧的だった。米国が昔そうだったように、自分が完全であるかの如く装い、全世界を諭すように振る舞った。原潜問題などで攻撃的な態度に出たのも、中国と北朝鮮だけが核戦力を増強している事実を論じられたくなかったからだ」

NPT再検討会議に出席した米代表団幹部のカントリーマンは会議後こう語り、中国はモラトリアム回避のために他の論点を声高に叫ぶ〝陽動作戦〟に出たとの見方を示した。

結局、会議決裂を恐れた議長スラウビネンの判断で中国の要求が通るが、再検討会議で露呈した米中の鋭い対立構造は、「軍縮の冬」という荒涼たる現実を国際社会の面前に浮かび上がらせた。

国益むき出し

「大国が再検討会議の場を使って己の地政学上の利益を増進させようとし、核不拡散強化や誠実な核軍縮努力といった地球的な利益をおろそかにしている。これでは建設的な対話にならない」

カーネギー国際平和財団の中国人専門家で第1章にも登場した趙通は二〇二二年一〇月一四日のオンライン取材にこう言明し、むき出しの国益がぶつかり合った同年夏の再検討会議が仮に全会一致で文書採択にこぎ着けていたとしても、その内容は「精彩を欠くものになっていただろう」と語った。

中国の政策担当者とも接触機会のある趙は言葉を続けた。「中国は決裂に遺憾の意を示したが、会議結果は大して重要ではない。中国の最優先課題は国益を守り、促進することにこそあるのだから」

さらに趙は米中の分断を鑑みると「両国間で軍備管理対話が進む見込みはあまりない」とした上で、次のように指摘した。

「中国の幹部外交官がここ数カ月ほど発信しているシグナルは明確だ。『台湾情勢や中国内政への批判など、中国が最も懸念している問題を米国が解消しない限り、核兵器や軍備管理について米国と議論するつもりはない』。中国は米国に自身の関心事項にまず敬意を払ってほしい。中でも最重要事項は台湾だ」

中国の切迫感

二〇二二年八月に米下院議長のナンシー・ペロシが訪台し、中国が日本の排他的経済水域（ＥＥＺ）を含む海域への弾道ミサイル発射で応じた台湾情勢は、独立色の強い民主進歩党の頼清徳が二四年五月に台湾新総統の座に就き、その後も緊張が続く。当面は平和統一を最優先する習近平体制だが、武力統一の選択肢も決して排除せず、核戦力増強にも余念がない。

米国防総省は、中国が二〇三〇年までに核弾頭数を一〇〇〇発にする公算が大きいと分析している。もしそうなれば、米露の核戦力に比肩することになり、米国は警戒を強めている。

また二〇二一年には、中国が内陸部で大陸間弾道ミサイル（ＩＣＢＭ）の地下発射施設（サイロ）を建設している可能性の高いことが衛星写真から判明した。果たしてどこまで実戦運用可能なのか否か、詳細は分からない部分があるものの、趙はこうした動きを「中国の切迫感の表れだ。中国指導部は激変した安全保障環境に直面し、ワシントンの号令の下、ここ数十年なかったレベルで西側が中国を敵対視しているとみている」と解説した。ウクライナで続く戦争も、中台統一を悲願とする習の核政策に少なからぬ影響を与えている。

趙はこうも明かした。「中国は今、ロシアを見つめながらこんな教訓を引き出している。『米国がロシアに用心深く対処しているのはロシアが核大国だからだ。従って中国も核大国になれば、西側は中国の主張にもっと耳を傾け、より気を付けた物言いをするようになる』。中国指導部が迅速に核軍拡を進めたがっている動因が（この点に）ある」

二〇二二年のＮＰＴ再検討会議で核分裂性物質の生産停止に反対した中国は近年、核兵器原料となるプルトニウムの在庫状況を国際原子力機関（ＩＡＥＡ）に報告していない。アジア初の核保有国は将来の有事も視野に「核強国」への歩みを静かに進めている。

COLUMN 31

軍民融合の中国、求められる日本の外交力

「習近平体制になって『勝てる軍隊』が方針になった。鄧小平時代は軍縮も模索していたが、現在は台湾、その背後にいる米国をにらみ『勝てる軍隊』という流れの中で核ミサイル部隊の体制強化につながっている」

日本の中国通ベテラン外交官の指摘だ。彼はさらにこんな言葉を継いだ。

「習氏は地方時代の部下に加え、軍系科学者・技術者ら軍部の技官を政府幹部に登用してきた。核ミサイル部隊の人間もそうだ。『軍民融合』が人事にも反映されている」

軍民融合――。民間の先端技術を軍事分野に取り入れたり、国有軍需企業と民間の垣根を取り払ったりする政策だが、その主目的は、やがて創建一〇〇年を迎える人民解放軍の「勝てる化」にあるとみていい。

中国の動きを踏まえ、日本も「敵基地攻撃能力」や防衛費の「倍増」など、国防強化路線に邁進している。

もちろん国防の備えはあってしかるべきだが、「台湾有事ありき」の運命論に思考停止となるようでは国策を誤る。なぜなら今何より求められているのは、有事の芽を未然

に摘む外交力の行使と強化に他ならないからだ。

その外交力の頂点にあるのが首脳外交だ。米中対立を背景に新たな分岐点を迎える世界。地理的に米中の間に位置する日本の外政力がかつてなく試されている。

「傘国《かさこく》」に未曾有の圧力

二〇二二年夏に一〇回目の節目として開かれたNPT再検討会議。ロシアのウクライナ侵攻や中国の核軍拡、NPT脱退を宣言して久しい北朝鮮のミサイル発射など核を巡る国際秩序が混沌とする中、その成否は世界の耳目を集めた。実はこの重要会議で、半世紀超を誇るNPTの歴史を振り返ってみても稀有な出来事が発生した。核保有国が差しかける「核の傘」に依存する同盟国、いわゆる「傘国」に対し、核兵器禁止条約(TPNW)を推進する非核保有国が強い圧力をかけたのだ。

危うい賭け

「核軍備管理・軍縮を通じて得られることが歴史的に証明されている安全保障の配当、フルシチョフ、ケネディ、レーガン、ゴルバチョフもそのための合意に達してきた。しかし核保有国とその同盟国の多くは、そんな配当の実現よりも抑止力を頼りにした危うい賭けに出ている」

再検討会議が開幕した八月一日、ニューヨークの国連総会議場。ニュージーランドの軍縮・軍備管理相フィル・トワイフォードが熱弁を振るった。危うい賭け――。この表現の意図するところは、核廃絶ではなく「核の傘」に自国の安全をあくまで委ね続ける「傘国」と、その後ろ盾の核保有国への鋭い警鐘だった。核抑止に依拠した危険なギャンブルに敗れた瞬間、人類滅亡のアルマゲドンの危機が訪れる、と。

フルシチョフ、ケネディ、レーガン、ゴルバチョフ。トワイフォードは、核戦争の瀬戸際まで行ったキューバ危機の翌一九六三年に結ばれた部分的核実験禁止条約、冷戦終結を加速させた八七年調印のＩＮＦ全廃条約を念頭に、米ソ四人の政治指導者の名前を連呼し、核軍縮がもたらす「配当」の大きさを力説した。

そして、核兵器を頂点とする抑止力の強化に動く米露中の核保有国と日本やＮＡＴＯ諸国などの「傘国」を意識して、こう言葉を継いだ。

「（核保有国と傘国の賭けは）ＮＰＴの柱である軍縮のみならず、別の柱である不拡散をも危険にさらすものだ。世界最強の軍事大国が安全確保のために核兵器を必要とするなら、なぜ他の国は核兵器を持たなくていいのか」

米国の同盟国であるにもかかわらず、冷戦期に米軍核艦船の寄港を拒むなど強固な反核政策を貫き、核兵器禁止条約も批准済みのニュージーランド。反核の急先鋒が先陣を切る形で以降、「傘国」への批判の矛先は鋭さを増していった。

痛烈な「傘国」批判

「安全保障戦略における核兵器の役割を低減する責任は、核保有国だけにあるわけではない。核の傘の下にある国は、抑止という（自分たちにとっての）利益を唱道し続けることで状況を悪化させ、現在進行中の核保有を助長している」

会議二日目、今度は南アフリカ代表が議場で声を上げた。「傘国」への痛烈な非難の飛礫《つぶて》が続く。

「核保有のいかなる正当化も核拡散につながり、ＮＰＴそのものを故意に毀損することになる。核抑止力の上に築かれた安全保障は持続可能性がない、と繰り返さざるを得ない。核抑止が破綻すると、人類全体が壊滅的な影響を受けることになる」

白人支配の時代に人知れず核開発し廃棄もした南アフリカは、今や独特の存在感を示す非核保有国だ。その「傘国」糾弾のトーンはひときわ激烈さを帯びた。

この後、四週間に及ぶ再検討会議では核保有国の核軍縮義務に加え、「傘国」の存在にも焦点が当たり「まるで拡大抑止を享受する国が核保有国よりも悪いと言わんばかりの論調」（日本代表団筋）が聞かれるようになる。

また米中対立の苛烈さを背景に、中国がNATOの「核共有」を問題視したことも、そうした論調に拍車をかけた。

二つの潮流

「私の記憶では再検討会議で（傘国の）問題が提起されたのは初めてだ」。議長を務めたアルゼンチンのシニア外交官、スラウビネンが会議後、オンライン取材に語った。

「その理由は二つある。まず核兵器禁止条約の採択だ。禁止条約推進派は同条約がNPTを補完するとみており、NPTが定めた核軍縮義務の履行を核保有国に強く促している。傘国にもそんな推進派の持論が投影された。もう一つはウクライナの戦争だ。過去数十年なかったレベルの核使用の危険に直面する中、禁止条約推進派は核兵器の使用や脅しへの反対姿勢を鮮明にした」

NPTは核拡散を厳禁しているが、非核保有国が自国防衛を同盟国の核の脅しに依拠する拡大核抑止までは禁じていない。そのため「核の傘」を結果的に是認するNPTは不完全で、傘の役割を認めること自体が核軍縮の障壁となる。だからこそ、核の威嚇を違法化する核兵器禁止条約が不可欠だ――。

禁止条約推進派はこんなロジックに立脚しながら、二〇二二年の再検討会議で「傘国」に対する批判の剣をより鋭敏に研ぎ澄ました。同時にその動きは、米露や米中という核保有国間の分断とは別の「もう一つの分断」を克明にあぶり出した。それは、「核保有国＋傘国」対「傘を否定する非核保有国」という新たな対立構造である。

前者は「ＮＰＴこそが国際核秩序の要」とし、核兵器禁止条約に反対する。片や後者は「このままではＮＰＴが機能不全に陥る」と危ぶむ。世界で核リスクが高まる中、二つの思想潮流が激しくぶつかり合う。

COLUMN 32

変わらぬ被爆国日本、議長の訴えむなしく

「（核保有国と非核保有国の）橋渡しをしたいなら議論に加わるべきだ。不参加は日本政府の決定であり、私には何の発言権もないが、アプローチが変わることを望む」

こう語るのは、二〇二二年六月下旬にあった核兵器禁止条約第一回締約国会議の議長でオーストリアの大使アレクサンダー・クメント。会議閉幕直後の六月二八日のオンライン取材で、オブザーバー参加しなかった日本政府の対応を尋ねた際の返答だ。

「橋渡し」は、岸田文雄首相が外相時代からよく使ってきた表現だが、近年はかつてほど多用されなくなった。

この締約国会議には、有事に米国の核爆弾を運用する「核共有」態勢を取るドイツやベルギー、加えてオーストラリアもオブザーバー参加したが、日本は不参加だった。岸田の判断が、参加を強く求めた被爆者や世論の大勢よりも、米国と「核の傘」を優先したことは明白だった。

「（二〇一五年の）NPT再検討会議以降、核兵器禁止条約が発効し初の締約国会議も開かれた。その事実を認めなければNPTの信頼性は損なわれる」。クメントはこのよ

うに釘を刺すことも忘れなかった。

その甲斐あってか、二〇二二年のNPT再検討会議の最終文書案（不採択）には、核兵器禁止条約が発効し、締約国会議が開かれた事実が明記された。ただクメントの訴えむなしく、広島選出の国会議員がトップを務める被爆国政府の姿勢は二四年夏の現在も基本的に変わらぬままだ。

危険な状況、軍縮進めよ　核の賢人の提言

本章で詳述してきたように、二〇二二年夏のNPT再検討会議は、全会一致に至らず最終文書を採択できないまま閉幕した。二回連続の再検討会議決裂は初めての事態だ。核恫喝を繰り返すロシアの侵略が続き、核カオスの様相を呈する世界はどこへ向かうのか。議長を務めたアルゼンチンのベテラン外交官で、日本政府主宰の核問題に関する「国際賢人会議」のメンバーでもあるグスタボ・スラウビネン（大使）が二二年秋、同会議のハイライトを振り返りながら、自身の核兵器観を語った（インタビューはオンラインで同年一一月四日に実施）。

「再検討会議はロシアの反対で全会一致とならず、多くの人には残念な結果に映っただろう。しかし私は、会議が失敗したと思っていない。なぜなら四週間の協議を通じ、NPTに関するあらゆる争点が論じられ、実用的な措置を講じるための議論ができたからだ。不採択の最終文書案は議長文書として残り、加盟国は今後その内容を（将来の）目

的に合わせて活用していける」

ロシア説得へ会談

確かにスラウビネンのまとめた最終文書の最終草案には、二〇二六年に失効する米露の二国間条約・新ＳＴＡＲＴの後継条約に関する勧告が盛り込まれるなど、核軍縮再起への芽も埋め込まれていた。だが、それを摘んだのは戦争を続けるロシアだった。

「ロシア以外、最終草案に反対する目立った動きはなかった。ロシアの反対表明の直前、私は（主要）数カ国の代表団と協議したが、全会一致をブロックするほどの問題を提起する国はなかった。草案はもちろん完璧でないが、大多数の意見を反映させたものだったのだ」

「会議序盤からロシアを含む多くの国がレッドラインを示した。それに基づき議論し（草案改定を重ねながら）最終日前日までにレッドラインの数を絞り込んだ。ロシアとはほぼ毎日接触し、彼らの意見もなるべく取り込むように努めた」

レッドラインという「変数」を制御することで全会一致を狙ったスラウビネン。実際、会議最終日の八月二六日午前一一時半まで最終草案への反対を唱える国は現れなかった。しかし、文書採択への期待が満腔に染み渡ろうとしていた矢先、事態は暗転する。

「ロシア代表団から（最終草案）受諾の可否が示されないので連絡を取った。すると『他国の立場はどうか』と聞くので、私は『全加盟国が同調している』と答えた。それから三〇分後、ロシア代表団が『モスクワから新しい訓令が届いた。（最終草案には）いくつか問題がある』と連絡してきたので、すぐ会談することにした」

最終案に同意求める

「ロシア代表団はレッドラインが依然として二つあると述べ、削除されなければ最終草案を支持できないと主張した」

ロシアが譲れないとしたのは、①権限のあるウクライナ当局②国際的に承認されたウクライナの国境――の表現だった。

「ロシアは、ウクライナの原発（の管理）をウクライナ当局に移転するよう求めた一節を削るよう要求した。戦況は変わり得るので文書で状況を固定化できない、との言い分だった。国境を巡る表現に関しても『NPT再検討会議は、国際的に承認された国境を決める場ではない』と反論してきた」

砲撃が続いたザポリージャ原発などの安全管理を求めた記述ではロシアの国名を削除するなど、全会一致実現のために腐心し続けてきたスラウビネン。しかし、土壇場でのこの展開は想定外だった。最終会合の開始が午後三時に迫っていたので遅延を即決した。

「ロシアとの会談は確か、午後二〜二時半頃まで続いた。私は『遅すぎる。確かに貴国は四週間の会議でこうした点を問題にしてきたが、どの国も（ロシアに）賛同しなかった』と指摘した。さらに『まずは最終草案に同調し、採択後に問題視する二点に限って支持しないと発言できないか』と説得したのだが……」

核は不道徳だ

ウクライナで続く戦争の暗雲が国際核秩序の「礎石」であるNPT体制に色濃い影を落とし、結局ロシアの反対で再検討会議は破綻した。一方、過去にはなかった事象も見られた。

同盟国の差しかける「核の傘」を自衛の手段とする日本やＮＡＴＯ諸国など「傘国」に対する容赦ない批判だ。

「再検討会議で傘国の問題が提起されたのは初めてだ。核保有国と非核保有国の溝も拡大している。（核保有国に核軍縮交渉を義務付けた）ＮＰＴ第六条の不履行状態への不満も増幅しており、ＮＰＴ体制の信頼を揺るがしかねない。核保有国は核軍縮にコミット（約束・関与）していると意思表示する必要があるが、そうしてはいない。ＮＰＴ体制は危険な状況に置かれている」

「私見を言うと、核兵器は不道徳であり存在してはならない。まず第六条履行へ向け、より具体的な措置が講じられるべきだ。いかなる核の脅しも許すわけにはいかない。確かに国際的な安全保障環境は非常に複雑で『戦略的安定』のために核抑止が一定の役割を担っていることは理解している。だが個人的に、こうした考え方には賛成できない」

グスタボ・スラウビネン Gustavo Zlauvinen：1960年生まれ。アルゼンチンのロサリオ大卒。外務省に入省し、在ウィーン国際機関の政府代表部やIAEAニューヨーク事務所代表、外務事務次官を経て、2019年に外務副大臣。NPT再検討会議の議長に選ばれていた同僚のラファエル・グロッシがIAEA事務局長に就任したため、20年1月に議長に選出。（2022年12月に「国際賢人会議」出席のため広島を訪れたスラウビネン。筆者撮影）

COLUMN 33

「傘国」に求められるもの

「NPTはグランドバーゲン（一括取引）だ。大多数を占める非核保有国は核開発をしないことに同意し、見返りに原子力の平和利用（の権利を）を手にした。さらに重要な点は、核保有国が将来的に核廃絶するとの義務にコミットしたことだ」

スラウビネンはNPTが①核軍縮②核不拡散③原子力の平和利用――の三本柱からなり、加盟国の権利・義務が「一括取引」で規定されていると強調し、こう続けた。「非核保有国が『一括取引は機能不全にある』と不満を募らせれば、NPT体制の信頼性は非常に深刻な状況を迎えることになる」

スラウビネンは核保有国が一括取引の原点に立ち返り、核軍縮に真剣に取り組む意思表示をすることが何より大事だと訴えた。ただ、核保有国が核軍縮を実践していくに当たり、避けて通れない要素がある。「核の傘」に依存する「傘国」の意向だ。「核保有国と傘国は現在の核秩序を静的なものと見ている。片や、非核保有国は核秩序をダイナミック（動的）に見ている」とスラウビネン。「核の傘」を絶対視する限り、核廃絶の日も未来永劫やって来ない。二回連続の再検討会議決裂で一括取引の土台が揺らぐNPT。核保有国に核軍縮を迫ると同時に、極めて難しい作業ではあるが、核兵器への依存を超克した新たな安全保障を構想していくことが、日本を含む「傘国」側に求められている。

二〇二五年八月、人類は被爆から八〇年を迎える。核攻撃の惨劇を肌身に知る日本の政府と市民の役割と責任は格別に重い。

あとがき

二〇二一年の秋日、大切な友人である一人の歴史家が天空へと旅立った。まさに死力を尽くして書き上げた大著を残して。歴史家の名はマーティン・J・シャーウィン、享年八四だった。第1章のプロローグでも取り上げたシャーウィン（愛称マーティー）は映画『オッペンハイマー』の原作を書いた人物でもある。

歴史家マーティン・シャーウィン。（本人提供）

被爆三〇年を迎えた一九七五年、マーティーは広島、長崎への原爆投下に至る米国の政策決定過程を追った歴史書『ア・ワールド・デストロイド（邦題・破滅への道程 原爆と第二次世界大戦）』を上梓し、歴史家としてその名を世界にとどろかせた。無数の歴史文書を渉猟しながら、実証主義的に人類史上初の核兵器使用を徹底検証し、核を生身の人間に使うことの人間的かつ倫理的な含意を啓示したからだ。

今世紀に入って書き上げたカイ・バードとの共著『オッペンハイマー』もディテイルにとことんこだわった圧巻の名著である。オッペンハイマーの生い立ち、主導的な役割を果たした「マンハッタン計画」への関与、そして「アカ」のレッテルを貼られた晩年を詳細なまでに描写し、「原爆の父」の内実に迫った。ピュリッツァー賞に輝くのも十分納得できる。

そして遺作となったのが、亡くなる一年前に刊行した『ギャンブリング・ウィズ・アルマゲドン（邦題・キューバ・ミサイル危機　広島・長崎から核戦争の瀬戸際へ　1945－62）』。一六〇〇ページに上る大著は、キューバ危機が発生した源流を広島、長崎への原爆投下にまで遡って追い求め、「運」こそが、地球をも滅亡させかねない未曾有の核有事を回避した史実を詳説している。

そんな遺作の中に、筆者の魂を揺さぶる一節があった。「歴史は、それがそのように生じる定めにあったから生じたのではなく、権力ある地位にある個人が特定の選択肢を選んだから、そのように生じたのである」

この言葉を反芻《はんすう》し、筆者の脳裏には「三つの戦争」が去来した。七九年前の米国による日本への核戦争、二〇〇三年三月二〇日開戦のイラク戦争、そして今もウクライナの大地で続くロシアによる侵略戦争だ。

日本への原爆投下で核時代の火蓋が切られたが、米公文書を紐解くと、神をも恐れぬ「悪魔の兵器」を使うことに葛藤を覚える米国人が当時、政権中枢に存在していたことが分かる。例えば海軍次官だったラルフ・バードは投下四〇日前、極秘メモに次の言葉を刻んでいる。「私は原爆開発に関わるようになってから、日本に対し原爆投下の二、三日前に事前警告を与えるべきだと思ってきた。これは米国が偉大な人道主義国であり、米国民がフェアプレーを重んじる点に根差している」

こんなバードの警鐘にもかかわらず、無警告かつ無差別に、核兵器による大量殺戮は強行された。一度ならず二度までも。

モラルの向上が技術の進歩に伴わない世界において、原爆の登場は現代文明の完全破壊をもたらす恐れがある。原爆を開発したことで米国は道義的責任を負うだろう——。原爆投下の一〇〇日ほど前、米大統領ハリー・トルーマンにこんな警句を発していた陸軍長官ヘンリー・スティムソンは大戦後、核の国際管理を主張する。

しかし時すでに遅し、だった。広島と長崎の惨状を知ったソ連の最高指導者ヨシフ・スターリンが原爆開発に血眼となっていたからだ。

その後、「核の時代」は冷戦下の米ソ核軍拡競争で最盛期を迎え、そのうち時が流れて下火になると、冷戦後の二〇〇三年、核超大国の米国がイラクを先制攻撃した。「独裁者フセインは核兵器はじめ大量破壊兵器の開発を企てている」との名目で。

それから一九年後、今度は核恫喝を前面に押し出す独裁者プーチンが、冷戦後に核を手放した国ウクライナへの侵略を開始した。

「イラク戦争はプーチンに体のいい口実を与えた。米大統領に許されるのに、どうしてロシア大統領には同様の行為が許されないのか、と自身を正当化できるように。米大統領がプーチンに先例を授け『こうやればいいのか』という触発材料を与えてしまった」。これは第2章で登場したプーチンの元側近アンドレイ・イラリオノフの言である。

ヒロシマ、ナガサキ、イラク、ウクライナ――。「歴史の糸」が、遠くなろうとしている過去から現代に垂れている。そして残念ながら、核の影は八〇年もの歳月を超えて私たちが生きる今この瞬間に重く暗く伸びている。

二〇二四年三月二九日　長崎の地にて

付録・核の用語集（五十音順）

安全の保証　国家の主権や独立、領土を尊重し、その国の安全保障を保証する概念。英語で「セキュリティー・ギャランティー」と表現され、約束した側がより能動的に対象国の安全を担保する意味合いが込められる。北朝鮮は二〇〇〇年代に米国などとの非核化交渉で「安全の保証」を要求、核放棄後も攻撃対象とならないよう確約を求めた経緯がある。旧ソ連の核弾頭が国内に大量に残ったウクライナも核放棄するに当たり「安全の保証」を求め、米国やロシアと交渉。一九九四年末に「ブダペスト覚書」を米露英と交わし安全保障を約束されるが、法的拘束力はなく「ギャランティー」の言葉も英文文書にはない。

イラク戦争　米国のブッシュ（子）政権は二〇〇三年三月二〇日、イラクが大量破壊兵器（WMD）を保有し、国際テロ組織アルカイダと関係があると主張し、イラクに侵攻した。一部同盟国やロシアが強く反対する一方、当時のブレア英政権は軍事行動に参加。小泉純一郎政権も支持し、人道復興支援を名目に自衛隊を南部サマワに派遣した。英軍は〇九年、主力の四〇〇〇人規模の部隊が撤退、米軍も一一年に撤退を完了した。米兵死者は約四五〇〇人。英軍は一七九人。イラクではその後、過激派組織「イスラム国」（IS）のテロが続き、開戦以来の民間人死者を最大二〇万人超と見積もる民間研究機関の推計もある。

ウランとプルトニウム　核兵器開発には、核分裂の連鎖反応が続く臨界を引き起こす核分裂性物質が不可欠で、天然ウランに〇・七パーセント程度しかないウラン235を九〇パーセント超に濃縮した兵器級高濃縮ウランか、プルトニウム239が必要。広島型原爆はウラン、長崎型原爆はプルトニウムを原料とした。世界で九番目の核保有国となった北朝鮮は寧辺《ニョンビョン》の黒鉛減速炉でプルトニウムを生成、二〇一〇年に米核専門家に公開したウラン濃縮施設で高濃縮ウランを製造している。

欧州評議会　人権や民主主義、法の支配で国際社会の基準作りを主導する欧州の国際機関。一九四九年フランスのストラスブールに設立。専門家会合の開催や勧告・決議の採択、欧州人権条約はじめ多国間条約の作成、欧州人権裁判所などを通じた人権保護も推進してきた。東欧諸国への選挙監視団の派遣や憲法改正意見案の策定で民主化支援にも貢献。近年は薬物乱用、サイバー犯罪、人身取引、テロ対策、女性への暴力、子供の権利などにも取り組む。日本外務省によると、二〇二三年一〇月時点で四六カ国が加盟。日本、米国、カナダ、メキシコ、ローマ教皇庁（バチカン）がオブザーバー参加している。

核拡散防止条約（NPT）　核兵器の保有を米露英仏中の五カ国にのみ認める代わりに核軍縮の交渉を義務付け、他国の核保有を禁じた条約。一方「原子力の平和利用」を認めており、核軍縮・不拡散の「礎石」とされる。条約は一九七〇年発効、一九一カ国・地域が加盟。原則五年ごとの再検討会議で核軍縮の進展などを点検し、全会一致の最終文書採択を目指す。二〇一五年の再検討会議決裂後、不満を募らす非核保有国は二一年に核兵器を完全違法化する核兵器禁止条約（TPNW）を発効させた。イスラエル、インド、パキスタンはNPTに入らず独自に核武装、北朝鮮は二〇〇三年にNPT脱退を表明した。

核拡散防止条約（NPT）の無期限延長　新たな核保有国の出現阻止を狙って一九七〇年に発効したNPTは、発効二五年のタイミングで無期限に延長するか、一定期間の延長にとどめるかを決める会議の開催が規定されている。そこで九五年春、ニューヨークでNPT延長・再検討会議が開かれ、無期限延長の決定が下された。その過程で非核保有国から複数の要求が出され、未加盟の核保有国イスラエルを念頭に、中東の非核化に努力するよう求める「中東決議」を採択。また核保有国側は、非核保有国を原則、核攻撃しないとする消極的安全保障（ＮＳＡ）を宣言した。

核テロ　非国家主体であるテロ組織やテロリストが核爆弾や、コバルトやセシウムなどの放射性物質を使った「汚い爆弾」を大都市などで使用するテロ行為。原子力施設の破壊行為も含まれる。一九九一年のソ連消滅で核爆弾や核物質の流出が懸念され、米国とロシアは冷戦後の重大脅威とみなす核テロの阻止で協力。米国は第三国がテロ組織に核物質を渡さないよう、爆発後に核物質の組成を調べてその供給源を特定する「属性識別プログラム」を推進、ロシアなどの核物質の保全強化にも協力してきた。

核の傘　同盟国を守るため、自らの核兵器を脅しの手段に使い、敵対国に攻撃や挑発を思いとどまらせる戦略上の機能。拡大核抑止とも呼ばれる。冷戦時代から米国は日本や韓国、ＮＡＴＯ諸国に提供してきた。岸田文雄首相とバイデン米大統領は二〇二二年五月の日米首脳共同声明で核の傘を含む「拡大抑止が強靭なものであり続けること」の「決定的な重要性」を確認した。これに対し被爆者や支援者からは、「核の傘」から脱却し核兵器禁止条約に入るべきだとの声が上がっている。

核の標的選定　冷戦時代から米国とソ連（現ロシア）は、相手の先制攻撃を未然に防ぐ抑止力の最大化を目指してきた。同時に、いざ戦争が始まった場合に備え、自分たちの核兵器をどのような対象に、いかに効率的に使うかという標的選定の研究を進めてきた。米ソは基本的に、相手国の核戦力やその支援軍事施設、指揮命令系統、国家指導層を狙った「対兵力戦略」を採用してきた。これに対し、相手国の首都や産業都市を攻撃目標とする「対都市戦略」がある。中国は後者に比重を置いた戦略を採用してきたとみられるが、近年これを見直し、米国の核戦力に対抗しようと核軍拡に舵《かじ》を切った可能性が指摘されている。

核兵器禁止条約（TPNW）　核兵器を非人道兵器とし全面違法化した初の国際法で、核廃絶を掲げ、核の実験、開発、保有、使用、使用の威嚇などを包括的に禁じる。条文には「ヒバクシャ」の言葉がアルファベットで刻まれており、核廃絶を訴えてきた広島、長崎の被爆者への謝意と敬意が込められている。核の使用や実験で影響を受けた被害者の援助と、汚染された環境の回復も締約国の義務としている。核兵器の非人道性を巡る議論が高まる中、非核保有国や市民社会が主導し二〇一七年七月に国連で採択、二一年一月に発効した。二四年一月時点で九三の国・地域が署名し、うち七〇が批准。核保有国の他、米国の「核の傘」の下にある日本や韓国、豪州、北大西洋条約機構（NATO）加盟国は署名していない。それでもドイツやベルギー、オーストラリアなどは締約国会議にオブザーバーとして参加。日本はオブザーバー参加もしていない。

キューバ危機　ソ連は一九六二年、米国が打倒を目指すキューバのカストロ政権を支援しようと、中距離核ミサイルを搬入。ケネディ大統領は一〇月二二日に事態を公表し、ミサイル基地撤去を求めキューバを海上封鎖した。米国はキューバからのミサイル攻撃はソ連からの攻撃と見なし報復すると宣言、核戦争の緊張が高まった。国連安全保障理事会での協議などを経て米国はキューバに侵攻しないと約束。また裏交渉でソ連が求める、トルコ配備の米ミサイルの撤去にも応じた。ソ連のフルシチョフ首相が同月二八日に基地撤去を通告して危機は収束。米ソは以降、大気圏での核実験禁止をはじめ、核リスク削減に向けた核軍縮交渉に乗りだした。

高速増殖炉　通常の原発（軽水炉）とは異なり、プルトニウム・ウラン混合酸化物（MOX）燃料を使って、発電しながら消費した以上のプルトニウムを生み出す原子炉。燃料を燃焼し発電している間に、炉心を覆うウラン燃料（ブランケット燃料）に高速の中性子が照射されプルトニウムが生産される。冷却材にナトリウムを使うタイプが多く、管理の難しさから海外では撤退が相次いだ。日本では核燃料サイクルの中核と位置付けられ、実用化を進める計画だったが、二〇一六年に「もんじゅ」の廃炉が決定。世界ではロシアと中国が積極的に推進し、中国では福建省で二基の「ＣＦＲ６００」の建設が進む。

黒海艦隊　かつてはロシア帝国海軍、ソ連海軍に所属した主力艦隊。基地はウクライナ南部クリミア半島のセバストポリにある。ソ連崩壊に伴ってウクライナ領になり、ロシアとの協議の末、艦隊を分割、基地をロシアに二〇年間貸与する協定が一九九七年に結ばれた。二〇一〇年、親ロシアだったウクライナのヤヌコビッチ政権は貸与期間をさらに二五年間延長する合意文書にロシア側と署名。一四年二月にヤヌコビッチ政権が反政府デモで崩壊すると、危機感を抱いたロシアはクリミアに軍部隊を投入、同三月に併合を強行した。二二年のロシアによるウクライナ侵攻後、黒海艦隊の旗艦「モスクワ」が攻撃され沈没した。

消極的安全保障（ＮＳＡ）　ＮＰＴに加盟し、核保有を諦めた国は見返りを与えられるべきだとする非核保有国の要求に基づき、米露英仏中の核保有五カ国が非核保有国を原則、核攻撃しないと約束すること。ＮＰＴ加盟の非核保有国が核攻撃を受けた場合、国連憲章や条約に従って援助すると約束する「積極的安全保障」と区別される。五カ国はＮＰＴの無期限延長が決まった一九九五年、消極的安全保障を一方的に宣言したが、法的拘束力を持たせることには反対。その後も法的拘束力を巡る国際社会の議論は進んでいないが、米国はオバマ政権時代に消極的安全保障を強化する姿勢を示した。

新戦略兵器削減条約（新START） 互いの本土を攻撃できる戦略核兵器の配備数を初めて制限した第一次戦略兵器削減条約（START1）の後継条約として米国とロシアが二〇一〇年四月に調印。一一年二月発効。配備戦略核弾頭数を一五五〇、大陸間弾道ミサイル（ICBM）、潜水艦発射弾道ミサイル（SLBM）戦略爆撃機などの運搬手段の総数を各々八〇〇に制限した（うち配備可能な上限は七〇〇）。米露は二一年一月に五年間の延長で合意し二六年二月まで有効だが、ウクライナに侵攻したロシアは二二年八月、米欧の対露制裁を理由に査察受け入れの停止を発表。さらにプーチン大統領は二三年二月、履行停止を表明した。

戦略核と戦術核 戦略核は遠く離れた相手国の首都や核攻撃拠点など戦略目標を標的にする長距離型の核戦力。射程が五五〇〇キロ以上の大陸間弾道ミサイル（ICBM）や、潜水艦発射弾道ミサイル（SLBM）、戦略爆撃機が柱。これに対し、戦術核は局地戦での使用を想定した核爆弾や中・短距離ミサイルなどを指す。非戦略核とも呼ばれる。米シンクタンクの米国科学者連盟（ＦＡＳ）によると、ソ連消滅後、ウクライナに残された核弾頭は約五〇〇〇発。うち約一二四〇発は一七六基のＩＣＢＭ搭載用で、爆撃機用の核ミサイルも約六〇〇基あった。戦術核は最大約三〇〇〇発と推計されていた。

戦略的安定　冷戦時代から大量の核戦力を背景に対峙してきた米国とロシア（旧ソ連）は、両国間の軍事的緊張が核戦争を招かないよう「戦略的安定」という概念を共有した上で、軍備管理・軍縮交渉を進めてきた。バイデン米大統領とロシアのプーチン大統領は二〇二一年一月、新戦略兵器削減条約（新ＳＴＡＲＴ）の延長で合意、六月には米露首脳共同声明を発表し「戦略的安定対話」の着手を決めた。将来の核軍縮と核リスク削減を進めるのが狙いだったが、二二年のロシアのウクライナ侵攻を機に、対話は頓挫している。目下、熾烈な覇権争いを繰り広げる米中間には、戦略的安定を模索する本格対話の枠組みはない。

相互確証破壊（ＭＡＤ）　核攻撃を先に受けても、敵に耐えがたい損害を負わせられる報復用の核戦力を保持することで核保有国同士が抑止力を構築する戦略概念。一九六〇年代にマクナマラ米国防長官らを中心に考案された。核攻撃を被った後も確実に温存できる核戦力を強化しようと、米ソの核軍拡競争は激化。膨大な数の核兵器で対峙する「恐怖の均衡」に行き着き、万が一核戦争になれば数十万〜数百万以上の市民が犠牲になることが前提となった。冷戦後、MADがテロリストや大量破壊兵器開発を進める一部の国には通用しないとの議論が起き、北朝鮮やイランと敵対する米国はミサイル防衛（MD）を推進、ロシアと中国が反発した。

大量報復戦略　一九五〇年代のアイゼンハワー米政権が唱えた核戦略。通常兵力で優勢なソ連が西側諸国を侵攻した場合、米国の核兵器で応戦、全面核戦争も辞さないとする「核の脅し」をテコに、共産勢力の抑止を狙った。五四年一月にジョン・ダレス国務長官が正式表明した。背景には朝鮮戦争に伴う財政悪化があり、米国は以降「より安価な兵器」として核戦力の増強に傾斜、ソ連との激しい核軍拡競争に突入した。

中距離核戦力（INF）全廃条約　一九八七年一二月、当時のゴルバチョフ・ソ連共産党書記長とレーガン米大統領が調印、八八年六月に発効。米ソの地上配備の中・短距離核ミサイル（射程五〇〇〜五五〇〇キロ）を発効から三年以内に全廃すると定めた。核軍縮で特定兵器の全廃を盛り込んだ史上初の条約。九一年までに両国で計二六九二基を廃棄。現地査察制度も導入、冷戦終結を後押しした。しかし中国が入っていないことなどを理由にトランプ政権が破棄の方針を表明、二〇一九年八月に失効した。

チョルノービリ(チェルノブイリ)原発事故 旧ソ連(現ウクライナ)のチョルノービリ原発四号機で一九八六年四月二六日に発生。試験運転中に爆発し建屋は破壊、大量の放射性物質が欧州の広い範囲を汚染した。消火に当たるなどした数十人が急性放射線障害で死亡、数十万人が移住を強いられた。ウクライナ、ベラルーシ、ロシアで事故時一八歳以下だった約二万人が甲状腺がんを発症したとのデータもある。事故の深刻度を示す国際尺度は東京電力福島第一原発事故と同じ最悪の「レベル7」。二〇二二年二月にウクライナを侵攻したロシア軍が当初一カ月以上、チョルノービリ原発を占領した。

NATOの核共有 米国の核爆弾をNATO加盟国内の基地に配備し、有事に共同運用する仕組み。東西冷戦期、通常戦力で優勢だったソ連に対抗するため一九五〇年代から導入された。米専門家によると配備先はドイツ、イタリア、オランダ、ベルギー、トルコの五カ国。現在も一〇〇発程度が配備されており、その大半が核共有用とされる。平時は米軍の管理下に置かれ、米国と同盟国双方が決断しなければ核使用できない。受け入れ国側は核搭載用戦闘機などを用意する。有事に核の管理権が非核保有国に移ることを想定しているため、核拡散を禁じたNPTの精神にもとるとの指摘もある。

ブダペスト覚書　一九九一年末のソ連崩壊後、ウクライナが国内に残った核兵器を放棄する見返りに同国の独立と主権、領土を尊重し、安全保障を約束することをロシアや米英が確認した文書。九四年一二月にハンガリーの首都ブダペストで署名。ウクライナはこれにより非核保有国としてNPTに加盟、残っていた核兵器の全てをロシアに移送した。一方で覚書には、ウクライナ側の求めた法的拘束力は伴わなかった。ロシアが二〇一四年にクリミアを併合、二二年にウクライナへ侵攻し、覚書は完全に反故にされた。違反行為などが生じた際の協議枠組みも担保されているが、全く機能していない。

兵器用核分裂性物質生産禁止（カットオフ）条約　高濃縮ウランやプルトニウムといった核兵器の原料となる核物質の生産禁止が目的。常設のジュネーブ軍縮会議（CD）は一九九五年、条約締結に向けた特別委員会を設置し「効果的に検証できる条約」を目指す基本方針で合意。二〇〇四年、当時のブッシュ（子）米政権が自国の軍事施設への査察を嫌って「効果的な検証措置」を盛り込んだ条約への反対を表明。その後、〇九年発足のオバマ米政権がこの方針を転換し条約を容認する立場を打ち出した。しかし、インドとの核戦力バランスを案じるパキスタンは既存の核物質も対象とするよう要求。そのため交渉開始に至らず、今も停滞が続く。

米国の条約批准手続き　米政権が外国政府との交渉を経て調印した条約の批准は合衆国憲法の規定により、米連邦議会上院（定数一〇〇）の三分の二の賛成が必要となる。全員が出席した場合は六七議員。下院には条約批准を承認する権限がなく、上院が決定的な影響力を持つ。核軍縮関連では、ロシアとの新ＳＴＡＲＴの批准が二〇一〇年末に賛成七一票、反対二六票で承認されたのが最後だ。一九九六年に国連で採択された包括的核実験禁止条約（ＣＴＢＴ）は、ロシアと中国の条約履行に強い疑念を抱く共和党議員の反対もあり、批准の見通しが立たない。

米露ウクライナの三カ国声明　米国、ロシア、ウクライナの三首脳が一九九四年一月一四日に付属文書と一緒に署名した合意文書。①ウクライナは第一次戦略兵器削減条約（ＳＴＡＲＴ１）に関するリスボン議定書に基づき大陸間弾道ミサイル（ＩＣＢＭ）一七六基と核弾頭一八〇〇～一九〇〇発を七年以内にロシアに移送し廃棄②米露英はウクライナのＮＰ

T加盟と同時に安全保障を約束③核弾頭解体で出る濃縮ウランをロシアが原発燃料にしてウクライナに供給④米国は旧ソ連の核廃棄支援事業「ナン・ルーガー計画」を通じウクライナに財政支援――の四つが柱。九四年末にまとまる「ブダペスト覚書」の土台となった。

包括的核実験禁止条約（CTBT） 核実験を全面的に禁止するため、一九九六年に国連で採択され、これまでに一八〇カ国以上が署名した国際条約。発効には条約制定時に原子炉を持つなどする四四カ国の批准が必要だが、米国や中国など八カ国の批准見通しが立たず、発効していない。その上、ロシアが二〇二三年に批准を撤回した。「国際監視制度（IMS）」によって全世界に約三四〇カ所の施設を整備し、地震波や放射性ガスなどを観測して核実験を探知する。既に九割近くの施設が稼働し、北朝鮮の核実験にも目を光らせている。

マイダン革命 二〇一三年一一月、親露派のウクライナ大統領ヤヌコビッチが欧州連合（EU）との連合協定締結準備の凍結を表明したことに野党側が反発し、デモ隊がキーウの独立広場（マイダン）を占拠した。一四年二月、治安部隊の発砲でデモ隊一〇〇人超が死亡し混乱すると、ヤヌコビッチはロシアへ亡命、野党が政権を奪取した。ウクライナでは〇四年の大統領選でも当時の首相だったヤヌコビッチが勝利するが、親欧米のユーシェンコ率いる野党側がヤヌコビッチ陣営の不正を指摘、市民の抗議行動の後に最高裁が不正を認め、やり直し選挙でユーシェンコが勝利する「オレンジ革命」が起きた。

リスボン議定書　米ソが結んだ第一次戦略兵器削減条約（ＳＴＡＲＴ１）を発効させるため一九九二年五月、ポルトガルのリスボンで米国とロシア、ウクライナ、ベラルーシ、カザフスタンが調印した議定書。ＳＴＡＲＴ１は九一年七月、ブッシュ（父）米大統領とゴルバチョフ・ソ連大統領との間で調印された。しかしソ連崩壊で核保有国はロシア、ウクライナ、ベラルーシ、カザフスタンの四カ国となり、批准手続きを整備する必要が出てきたため議定書がつくられた。ロシアはソ連の後継国としてＳＴＡＲＴ１を批准し履行、ウクライナなどは非核保有国としてＮＰＴに加盟することになった。

臨界前核実験　核兵器の性能・安全性の評価や維持、改良を目的とする実験の一つで、核爆発は伴わない。核分裂の連鎖反応が続く「臨界」にならないよう少量のプルトニウムなどの核物質に高性能火薬の爆発やレーザー照射で衝撃を与え、反応を調べる。核爆発を伴う全ての核実験を禁じる包括的核実験禁止条約（ＣＴＢＴ、未発効）には抵触しないが、条約の精神に反するとの批判もある。米露中は一九九〇年代に核実験を停止。各国は臨界前核実験を続ける一方、政治指導者の指示で核実験を再開できる技術水準を保っている。相手を単に威嚇する政治目的のために半年程度の準備期間で核実験を実施する「シンプルテスト（簡易実験）」もある。

ロシアのウクライナ侵攻　ロシアが二〇二二年二月二四日、隣国ウクライナへの軍事侵攻を開始。プーチン大統領はゼレンスキー政権がロシア系住民を迫害しているなどとし、北、東、南の三方向から攻め入った。首都キーウの早期攻略に失敗し北部から撤退したが、東部と南部では戦闘が継続。米欧から武器の提供を受けたウクライナ軍は反撃に転じ、同年九月にはゼレンスキー大統領がハルキウ州の要衝イジュム奪還を発表。プーチンは予備役を部分動員する大統領令を出し、東部・南部四州の併合を宣言した。南部ザポリージャ原発では砲撃が相次ぎ、原子力災害の懸念も。プーチンは核の威嚇も繰り返し、二〇二四年六月現在、長期消耗戦が続く。

感謝の言葉

この本をお読みになってくださった読者のお一人、お一人にまずは心からの感謝の気持ちをお伝えいたします。最後までお付き合いくださいまして、本当にありがとうございました。

また、この本に登場する「核のプロ」たちの貴重なご証言は無二の糧となりました。ここで一人一人のお名前は挙げませんが、深く謝意と敬意を申し述べたいと思います。

三二年前に被爆地広島に駆け出しの記者として赴任して以来、数多のご指導を賜ってきた被爆者の方々、その家族の皆さま、広島と長崎の恩人には感謝してもしきれません。誠にありがとうございます。

さらに、この本は早川書房の編集者でジャーナリストの同志でもある石井広行さんの支援がなければ、誕生することはなかったと思います。心より深謝申し上げます。

最後に、一一冊目となるこの単著を出すに当たり、私をいつも温かく励まし、時に厳しい助言をしてくれた伴侶、さらに子供たちに最大限の謝辞を送ります。いつもありがとう。

二〇二四年文月吉日　太田昌克

著者略歴
1968年富山県生まれ。共同通信社編集委員兼論説委員。早稲田大学客員教授、長崎大学客員教授。早稲田大学政治経済学部を卒業後、1992年に共同通信社入社。広島支局、外信部、政治部などを経て、2003～2007年ワシントン特派員。2006年度ボーン・上田記念国際記者賞を受賞。2009年に第15回平和・協同ジャーナリスト基金賞を受賞。日米欧の核政策研究で博士号を取得（政策研究大学院大学）。『核の大分岐』など、核問題についての著書多数。

ハヤカワ新書　030
核《かく》クライシス
瓦解する国際秩序
二〇二四年八月 二十 日　初版印刷
二〇二四年八月二十五日　初版発行
著　者　太田《おおた》昌克《まさかつ》
発行者　早川　浩
印刷所　中央精版印刷株式会社
製本所　中央精版印刷株式会社
発行所　株式会社　早川書房
東京都千代田区神田多町二ノ二
電話　〇三‐三二五二‐三一一一
振替　〇〇一六〇‐三‐四七七九九
https://www.hayakawa-online.co.jp

ISBN978-4-15-340030-6 C0231

未知への扉をひらく

「ハヤカワ新書」創刊のことば

誰しも、多かれ少なかれ好奇心と疑心を持っている。

そして、その先に在る納得が行く答えを見つけようとするのも人間の常である。それには書物を繙いて確かめるのが堅実といえよう。インターネットが普及して久しいが、紙に印字された言葉の持つ深遠さは私たちの頭脳を活性して、かつ気持ちに余裕を持たせてくれる。

「ハヤカワ新書」は、切れ味鋭い執筆者が政治、経済、教育、医学、芸術、歴史をはじめとする各分野の森羅万象を的確に捉え、生きた知識をより豊かにする読み物である。

早川　浩

原爆初動調査 隠された真実

NHKスペシャル取材班

今なお続く「核の時代」を考える上での必読書

広島と長崎でアメリカ軍が戦後行った「原爆の被害と効果」の大規模調査。残留放射線が計測され、科学者が人体への影響の可能性を指摘したにもかかわらずなぜ事実は隠蔽されたのか。２０２１年に放送後大きな反響を呼んだ「ＮＨＫスペシャル」に新情報を加え書籍化。

ハヤカワ新書
012

サイバースペースの地政学

小宮山功一朗、小泉 悠

インターネット上に広がる
「サイバー空間」の実態とは？
テック×軍事の専門家が挑む

千葉の巨大データセンター、サイバー網の急所・長崎、海底ケーブル船、そしてロシアの隣国エストニアへ。サイバーセキュリティと軍事のプロが最前線の現場で見たものとは。情報インフラと安全保障の要でありながら実態の見えにくいサイバー空間の可視化に挑む

ハヤカワ新書
026